养育女孩

写给中国父母的女儿养成手册

只要教育适当，每个孩子都能成为天才。

尤军丽／编著

中华工商联合出版社

图书在版编目(CIP)数据

养育女孩 / 尤军丽编著. -- 北京：中华工商联合
出版社，2019.5
ISBN 978-7-5158-2099-6

Ⅰ.①养… Ⅱ.①尤… Ⅲ.①女性-家庭教育 Ⅳ.
①G78

中国版本图书馆CIP数据核字 (2017) 第 049377 号

养育女孩

编　　著：	尤军丽	
责任编辑：	李　瑛　袁一鸣	
封面设计：	周　源	
版式设计：	三河市水日方图文设计中心	
责任审读：	郭敬梅	
责任印制：	迈致红	
出版发行：	中华工商联合出版社有限责任公司	
印　　刷：	唐山富达印务有限公司	
版　　次：	2020年1月第1版	
印　　次：	2022年2月第2次印刷	
开　　本：	710mm×1020mm　1/16	
字　　数：	150千字	
印　　张：	14.5	
书　　号：	ISBN 978-7-5158-2099-6	
定　　价：	40.00元	

服务热线：010-58301130
销售热线：010-58302813
地址邮编：北京市西城区西环广场A座
　　　　　19-20层，100044
http://www.chgslcbs.cn
E-mail: cicap1202@sina.com(营销中心)
E-mail: gslzbs@sina.com(总编室)

工商联版图书
版权所有　侵权必究

凡本社图书出现印装质量问
题，请与印务部联系。

联系电话：010-58302915

序

　　女孩爱哭，女孩乖巧又听话，养女孩似乎是很轻松的事情。女孩要富养，用这种约定俗成的方式培养的女孩就一定优秀吗？

　　女孩会哭，会哭的女孩才有糖吃。女孩哭可以获得太多的照顾，结果变成了溺爱。家长在流泪的女孩的面前不知所措，老师看到女孩的眼泪也避让三分。女孩好养，可是不好哄，就好像七月的伏天，阳光明媚的日子，不经意间一块乌云出现在头顶，就淅淅沥沥地下起雨来。

　　怎么能忍心让女儿流泪？这是很多父母的心声。可父母一定要懂得，被宠的女孩也许不再流泪了，总有一天，父母会为自己的教育失败流泪，是心疼女儿的眼泪，也是悔不当初的泪水，却冲不掉女儿教育上的缺失。

　　女孩弱势，似乎天经地义。即便是倔强的女孩，或者叛逆期的女孩，"弱势"依然深藏在女孩的意识深处，偏激的思想、乖张的行为，昭示着自己的强大，也恰恰是弱势的表现。

　　女孩流泪，未必是伤心，也不是受到了伤害，而是用这种方式期待着被关注。想要东西的时候流泪，得到变得很容易；犯错误的时候流泪，也许不会受到惩罚。女孩的眼泪是小聪明，眼泪是"武器"，让别人满足自己的要求。

　　当女孩流泪的时候，家长的妥协是错误的举动。眼泪的背后一定有故事，识破女孩的小伎俩，让女孩知道，流泪也不能让家长做出违背原则的决定。家长在女儿面前树立威信，千万不要被女孩的眼泪"打败"，面对眼泪也绝不心软，拒绝女孩的无理要求。

女孩要富养，富养不是对女孩的任性毫无原则地妥协，而是要给女孩优质的资源。溺爱中长大的孩子不懂得感恩，家长在满足女孩一切物质条件的时候，还要让女孩知道享受的这些都是用劳动换来的，要懂得珍惜。没有付出，就没有收获，富养也可以让女孩吃一点苦，用劳动换取满足，感受生活的不易。家长时常带着女儿体验生活，因为生活中不都是顺风顺水的，还有很多的"荆棘"之路。富养，是让女儿的生活观更加健康，帮助女儿树立正确的价值观。

"惯子如杀子"，其实家长都知道这是溺爱招致的恶果，可是为了让女孩过上富足的生活，就要拼命赚钱，不愿意让女孩受一点点委屈。当女孩让家长失望的时候，家长苦口婆心：我每天忙里忙外这么辛苦，都是为了你，赚钱也都给你花了。女孩怎么想呢？原来都是为了我才这么做的，没有愧疚，没有感恩，只有心安理得。

培养有出息的女孩，重点在于给她塑造良好的成长环境，培养她对生活的积极态度。富养女孩，是精神的富养，是品格的塑造。富养的女孩坚韧中透出高贵气质，更加自信、自律、自强。

本书用小故事讲大道理：女孩富养不等于娇养，给女儿精致的生活，不是有求必应，而是引导她做一个有品位的人。没有钱也可以富养女孩，正确的引导，科学的培养，营造健康的环境，让女孩快乐成长。

目录
Contents

第3章 | 教育，人格独立

第4章 | 富养，品行修养

目 录
Contents

第8章　学习，自主提升

第9章　沟通，自查自省

目　录
Contents

第 1 章

亲情，把爱留住

苗儿壮、果实大。孩子的苗壮成长离不开亲情的呵护。望女成凤的父母容易走进一个误区，认为女孩好养，乖巧听话，父母用无私的付出满足女孩的需求，就能打造出成绩优秀的女孩。女儿学习好，父母即便苦一点、累一点也是值得的。父母也许没有意识到，这种单方面的付出也是对女儿的不尊重，也许他们用心良苦却没有得到女儿的认可，没有被女儿接受，就无法得到女儿的爱。

女孩的教育不止于知识方面，人格教育更重要。让女孩人格完善，就要让她学会独立，具备抗挫折能力以应对竞争环境。卡尔·威特认为，孩子健全的人格要以良好的心理素质为前提，养育孩子、培养孩子是家长的责任，除了物质的付出之外，亲情是最为可贵的。女孩天生敏感，让女孩感受到爱，也能获得爱的回报。

性别教育很重要

女性之美与男性是有所区别的，女性的阴柔与男性的阳刚形成鲜明对比。可是，我们也会看到中性化的女性，仅仅从表象判断，无法确认性别，仔细观察才可发现女性的特征。

短短的头发，中性化的服装，大大咧咧的性格，举手投足间透露着强势。女孩性格的中性化，是在潜意识中对自己的女性角色不愿意接受，很容易产生性别障碍。

对孩子的性别教育不是在课堂上，而是在生活中，日常生活的方方面面都要让女孩知道自己是女生，与男生有所不同。

明溪已经三岁了，在新加坡的幼儿园学习。妈妈如往常一样，送女儿去幼儿园，路上不断地重复着："你是女孩，不是男孩，去洗手间的时候，要看门上面的图案，看到有小辫子的女孩，就可以进去了。"

明溪在幼儿园已经学习一个星期了，妈妈每天送她去幼儿园的路上都说着这些话。

一天，妈妈接明溪回家，明溪给妈妈提出了一个要求："妈妈，明天不穿花样图案的裙子，好吗？"

妈妈说："花样图案的裙子好漂亮呀，怎么不穿了呢？"

明溪说："张明辉穿着短裤，跑起来很快，我穿着裙子都跑不过他。"

妈妈笑了，说："他是男孩子，跑得快是很正常的呀，而且男孩子不能穿裙子的。你是女孩子，才会穿裙子呀。"

明溪忽然想起了什么，用小手捂着嘴笑起来。

妈妈看着她的样子，说："发生了什么有趣的事情吗？说说让妈妈也像你一样开心。"

明溪笑了好长时间，示意妈妈蹲下来，然后神秘地看看四周，跟妈妈咬耳朵说："张明辉今天跑到'小辫子'的门里去了，本来我在前面走的，他一下子就从后面跑到我的前面，冲进去了，很快又跑出来了，差一点撞到我呢！"

妈妈面带惊讶的表情，问："老师批评他没有啊？"

　　"没有。"明溪边说边摇头，"张明辉从另一个小门出来的时候，老师来找他，问他'两个洗手间有什么不一样吗？怎么这么快就跑出来了？'"

　　"然后呢？他怎么回答的？"妈妈问。

　　明溪说："看见里面很陌生，而且没有男生。老师还告诉他，要看准门上的图案，没有小辫子才能进去。"

　　莎士比亚说："弱者啊，你的名字是女人！"女性在某些方面处于弱势，无可争议。可是，现代的女性豪放不羁，颠覆了莎士比亚对女性的定位，"弱"不再属于女性。女性示弱不是懦弱，而是保护好自己，为自己的安全负责。

　　江歌案曾经轰动一时，在这个案件中，我们不仅为一个美好生命的逝去感到悲痛，更应该认真反思：女生到底该如何保护自己？

　　江歌的本意是好的，为了朋友，她甘心犯险，但她的方法是否可取呢？是否还有更好的方法来应对呢？也许，江歌可以将自己和朋友反锁在家中，让门外的陈世峰有时间冷静下来，如果他仍然情绪激动并做出出格举动，就马上报警，等待救援。也许，江歌可以提议让朋友与陈世峰电话交谈，避免两人直接面对面时情绪激动。也许，江歌可以叫来足够多的人帮忙，在人数上震慑住情绪激动的陈世峰……有很多种方法，可江歌却选择了最危险的那一种。

　　女生，在帮助别人的同时，也不应该忘记保护自己。有很多种方法可以让女生免于受到伤害，至少是将受到伤害的可能性降到最低。所以女生遇到事情，一定不要头脑发热，而应冷静分析一下当前的形势，做出最正确的判断。

　　女孩应独立，女孩也要自强，但是，女孩要对自己的性别准确定位，关键的时候保护好自己，危急时刻多一些防备之心，对人对事有分寸，勇于示弱也是一种智慧，是对自己负责的态度。

性别教育要从孩子的童年时期开始。孩子在童年时期对于性别没有明确的概念，也不会对此有保护意识。作为家长，就要通过性别教育保护好孩子。

性别教育也要尊重隐私。女孩三岁后，让孩子自己洗澡、换衣服，家长要有意识地避开，特别是爸爸，一定要规避，让她们知道什么是隐私，对自己的隐私有较高的敏感度，保护意识也就增强了。

告诉孩子她是女孩子，对陌生人不可以轻信。遇到陌生人的时候，要及时与父母交流。让孩子保护好自己的身体，重要的部位不可以让别人触碰。

孩子在三岁的时候就已经有朦胧的性别意识了，家长最好是与孩子分床睡，培养孩子的独立意识，避免性早熟。

青春期女孩的性别特征明显，多数女孩对自己的性别有所认同，但也有部分女孩存在性别困惑。妈妈要帮助女儿认同她自己的性别，让她了解自己与妈妈是同性别的，告诉女儿作为女孩的各种好。逐渐地，女孩就会对自己的性别充满自信，对自己作为女孩有所认同。

有的家庭喜欢男孩，将女孩当做男孩培养，很容易让女孩不清楚自己的性别。

家长引导女孩树立性别观念，就要注意生活的细枝末节，如女孩的服装、各种漂亮的装饰品、玩具等等，鼓励女儿经常与女孩在一起玩，让女孩更加明确自己的性别，与男性正确区分。

理解女孩的天生胆小

当突然听到奇怪的声音的时候，当风雨交加的时候，当站在高处的时候，女孩往往紧紧地抱住家长，或者躲在家长的身后，告诉家长："我害怕。"此时，很多家长就会鼓励孩子："不怕，勇敢一些。"估计没有想到，孩子的害怕是有原因的。

"女孩胆小是天性，长大了就好了。"这是多数人的共识。不知道有多少人发现一种现象：人长大了，反而更胆小了。"初生牛犊不怕虎"，小的时候没有顾虑，敢于做事。随着年龄的增长，掌握的知识和经验多了，遇事首先考虑的是不良后果，前思后想，胆子也就变小了。

女孩的身上有胆小的特性，即便是受到先天因素的影响，几率也只有30%，所以，女孩天生胆小是可以改变的，后天的成长环境更重要。

孩子胆小的特性是不愿意与人交流，喜欢独处，在不熟悉的人面前比较害羞。梅子就是这样的一个女孩子，当同学们在一起玩游戏的时候，她能找出各种借口不参加。老师看不到梅子的时候，都会在某个安静的角落找到她，通常她都是在画画。

梅子画得最多的是爸爸和妈妈，妈妈的画面占很大篇幅，也很清晰，但明显画面的比例不对称。爸爸画得很小，好像距离妈妈很远一样，看不清楚模样，仅仅是个轮廓。

老师看着梅子的画，知道孩子想爸爸和妈妈了。梅子能够感受到妈妈的爱，但是，这种爱是转瞬即逝的，无法建立稳定的感情；梅子对爸爸的印象是模糊的，也感受不到爸爸的爱。

梅子的爸爸是军人，常年不在家，妈妈工作很忙，陪伴梅子的时间很少。梅子多数时间是在学校度过的，家里只有小姨照顾她。最近小姨要结婚了，家里请了保姆。梅子感觉自己被所有的亲人抛弃了，为了保护好自己，宁愿将自己藏起来，不愿意与同学们往来。

老师为了让梅子融入到班级中与同学们交往，让梅子当了文艺委员。梅子是朝鲜族，三岁开始学习舞蹈，还会弹钢琴。班级组织文艺节目的时候，梅子的艺术特长发挥出来，也愿意与同学交往了。

女孩胆小是因为没有安全感。当梅子感到亲人都远离自己的时候，就用独自一人画画的方式保护自己，画画成为与父母心灵交流的一种方式。

老师对梅子的行为没有指责，也没有用强硬的方式让梅子回到集体中，而是让她在班级中扮演一个重要的角色，有机会被同学们所关注，帮助梅子建立安全感。梅子感到自己被老师重视，同学们也喜欢她，沟通意识就被激发起来。梅子不再胆小地躲起来了，而是作为组织者积极参与到班级活动中。

孩子无论是在什么样的环境中，都希望自己被接纳。一旦这个愿望不能实现，就会退缩到自己认为安全的环境中，用这种方式保护自己。

梅子胆小，是因为缺少归属感，老师和同学们接纳她，让她感到安全。

家庭环境中亦是如此。家长多陪伴孩子，让孩子在宽松的环境中成长，给予孩子保护的同时，还要尊重他们的个性，肯定孩子的表现，让孩子多接触外界环境，就会提升其自信心。

在陌生的环境中，胆小的女孩表现为局促不安，影响了与周围人的交往，伴随而来的是各种误解。因为害羞，见面不愿意招呼人，给人目中无人的感觉，令人敬而远之。对需要承担的责任缺乏自信心，就用推诿的方式逃避，让自己得不到锻炼。胆小的人对别人的评价非常在意，甚至高度敏感，即便别人的否定不是针对她，她却觉得是在说自己，耿耿于怀，气氛十分紧张。

胆小的人遇事都会瞻前顾后，想的最多的是如何让自己做到最好，让所有的人都满意，结果事与愿违。

期望越高，失望就越大。我的一名小学同学平时学习很好，日常的考试成绩也不错，可是每到期中考试和期末考试的时候就高度紧张，考试前一天晚上睡不着觉，成绩也不是很理想。十二年寒窗，终于迎来了高考。这位同学后来说，进入考场的那一刻手在抑制不住地颤抖，逃出考场的想法在大脑中一闪而过。

每个学生进入到考场都会有不同程度的紧张感。独立性很强的学生能战胜胆小，默默地鼓励自己迎接挑战。如果缺乏自信，考试过于紧张，大脑一片空白，明明会的题却答错了，自己的能力和水平无法得到正常发挥，也会失去很多的机会。

我的这位同学不仅考试的时候高度紧张，面临抉择的时候也很纠结，就怕做出错误的决定让自己后悔。

女孩胆小是可以理解的，但是，不能让胆小变成习惯，而是要想办法克服。事前做好准备，就容易树立自信心。我们的学业中离不开考试，这是验证学习质量的一种重要方式。即便平时成绩很好，也未必获得好的考试成绩，那是因为考试成绩不仅体现了一个人的知识水平，也能体现出一个人的心理素质。平时学习很好，考试前没有针对性地复习，心理没底就必然发慌。缺少了自信，成功的几率降低了，面对失败的打击而一蹶不振，就失去了继续挑战的勇气。所以，让自己自信起来，就要养成事前做好准备的习惯，让自己带着一颗平静的心，胸有成竹地应对各种事情。

一些女孩容易示弱，遇到困难的时候甚至不愿意尝试就退缩了，这不仅是胆小，更是懦弱。因为懦弱而失败，失去了原本可以抓住的机遇，留下了遗憾。

失败是人生的常态。对失败持有正确的态度，就不会对此耿耿于怀。失败的原因有很多，或者是能力不够，或者是不够聪明，但不要忘了，很多的成功是超常发挥的结果。为什么能超长发挥？自信心是重要的"催化剂"。在挑战面前，胆小的人选择退缩，自信的人则想尽各种办法战胜困难。自信心对人的认知产生影响，对人处世的态度产生影响，对人处世的能力也会产生影响。

有的女孩说："我已经努力了，结果自己还是不能胜任。"看起来失败似乎是不可扭转的，是客观性的。静下心来分析就会发现，也许是不够努力在无形中压抑了自己的潜力。努力了也失败，那么，努力的方向也许是错误的。不妨向身边有成功经验的人请教，目的不仅是解决问题，更是要学习人家处理问题的方法。勤奋努力可以弥补后天的不足，"笨鸟先飞"也能超越自我。

胆小害羞的女孩让自己有勇气面对一切，扩大交际范围是很必要的。任何一个人长时间地将自己封闭在一个圈子里，都会变得孤僻。有的女孩看起来很难接近，一副自视清高的样子，不愿意与人交往，其实是一种消极的态度。让自己更加自信一些，与更多的人交往，当别人接受自己的时候，那种自信就会变得可爱了。

无声的语言来自于身体的表达。胆小的女孩往往不愿意看着对方的眼睛，对别人的直视躲躲闪闪，传达着"我害怕"的信号。她们不愿意与人交流，令人感到冷淡。

美国的心理学家阿瑟·沃默斯曾经说过："调整身体语言，就能产生令人吃惊的效果。"胆小的女孩经常面带微笑，给人以善意、随和的印象；与人讲话的时候，身体稍稍前倾一些，表达自己的友好，即便是初识，也会受到欢迎。

尊重女孩的选择

高考对于每一名孩子而言都是人生的一个重要转折点。研研高考完毕，开始填报志愿了。她觉得这件事比参加高考还难，她喜欢广告设计专业，将来从事广告设计工作，可是，父母希望她报考师范类专业，将来当一名教师，收入稳定，而且每年都有两个月的假期。

报考的事情让研研愁眉苦脸了好几天了。她找到老师，想听听老师的见解。老师说："报自己感兴趣的专业就可以了，况且，你的大学专业对将来的职业也不会起到决定性的作用，将来的人生中会有很多变数的。"

"可是……"研研有些犹豫了，"父母都希望我将来当一名教师，在他们看来，女孩子有一个稳定的工作就可以了。可我对教师这个职业没有兴趣。我希望将来的职业要充满艺术感，而且还要有创意，广告设计就非常好，可以有自己的想法，况且我对美术情有独钟。"

老师说："那就报广告设计专业，毕竟是自己的一次人生抉择，自己做主吧。"

"可是，我违背了父母的意愿，会不会让他们失望？"研研比较纠结。

研研的成长环境中总是伴随着父母的呵护，在抉择的时候习惯于服从父母的决定。这一次研研有了自己的想法，更多考虑的是，如果自主抉择，会不会从此父母就不喜欢自己了。

研研对老师说："我得怎么和父母说才能得到他们的允许呢？"

老师笑笑说："父母的建议只是供你参考而已。你已经长大了，我相信你的父母一定会尊重你的想法，毕竟未来的人生路是要靠你自己走的。"

研研在高考之前的人生路都是父母规划好的，这一次她要走自己的路了。于是，她鼓起勇气与父母交谈。正如老师说的，虽然研研的父母表示遗憾，但还是尊重孩子的选择。

妈妈对研研说："你已经高中毕业了，是成人了，有能力选择自己的发展方向。无论你选择哪条人生路，只要坚持走下去，在父母的心目中都是最优秀的。"

孩子长大了就要展翅高飞，在父母的羽翼下是永远也长不大的。研研并不是想要离开父母，她违背父母规划的愿景，走自己的路，就是对自己负责，同时也让父母更加了解自己。

处于青春期的孩子是比较尴尬的，希望摆脱父母独立，同时在经济上又需要父母的支持，所以矛盾心理很重。高考填报志愿是一项重要的抉择，甚至关乎到一个人的未来人生路。父母有自己的看法，是基于多年的经验给孩子指明的一条路，目的是让孩子少走弯路。青春期的孩子希望有更多的机会认识社会，而不是一眼将自己的人生看穿。想要走自己的路，可是还离不开父母的支持，特别是女孩，对父母有比较强的依赖心理，在是否对父母妥协的问题上犹豫不决。

研研还是很聪明的，让老师帮忙拿主意，听取了老师的建议，最终自己的选择也得到了父母的尊重。

父母帮助孩子规划未来是对孩子的关注，他们希望女孩未来的生活更稳定一些，这个没有错，但对孩子的选择予以尊重，也是一种爱的表达。

随着孩子的成长，父母要让女儿知道自己是被父母关注的，任何的事情面前，父母都会用爱赋予孩子勇气。

青春期的孩子抗拒心理比较强，家长和老师都知道这一点。当孩子的成长进入到这个阶段的时候，更希望活出自我，用夸张的行为和不当的语言，并不是一反常态，而是要得到周围人的关注。

王嘉开始追星了，对娱乐新闻的关注已经胜过了读书，几乎每天放学回家，第一件事情就是用手机查看娱乐圈的新闻。

当妈妈发现王嘉的这个行为的时候，没有阻挠。

有一天，妈妈接到老师的电话。

老师问："王嘉的病好些了吗？如果严重，明天再休息一天吧。"

妈妈一头雾水，说："王嘉病了？什么时候的事情？"

老师说："她下午肚子疼，都直不起腰了，请假回家休息了。"

妈妈说："我回家看看，谢谢老师。"

妈妈很快回家了，可王嘉没有在家。

"难道孩子自己看病去了？"妈妈心里嘀咕，摇摇头，觉得不太可能。

王嘉回来时已经很晚了，一副兴致勃勃的样子。

妈妈问："听说你病了，好些了吗？"

王嘉意识到自己的谎话被揭穿了，就实话实说："妈妈，我错了。我去看演唱会了。"

妈妈说："你追星妈妈是知道的，也没有表示过反对。追星不是坏事，但要懂得如何追。一个人成长为明星，他的努力是常人所不及的。

没有经过努力，就不会变成明星。明星的身上有很多需要学习的东西，这就是妈妈没有阻止你的原因。其实，明星并不都是存在于娱乐圈中，如果一个人足够勤奋努力，做到比别人好，就会成为明星。明星的光环下掩盖着多少艰辛，你知道吗？追星没有错，错误的是盲目追星。"

妈妈的言辞是很严厉的，王嘉长这么大，没有见过妈妈如此严肃，眼泪止不住流下来。

从这以后，王嘉虽然也关注娱乐新闻，但不再关注花边新闻了，而是更多地阅读明星的成长历程。王嘉在学习上也更加努力了。她很自信地告诉妈妈："我要成为学校的明星！"

对于女孩的不当行为，做父母的不应只是一味地批评，而是在理解孩子行为的基础上，做出正确的引导。任何时候，一味地否定都不是好的教育方式。治理洪水，堵不如疏，养育女孩也是相同的道理。只有让孩子明白了道理，认同了你的教育理念，她才有可能真心地赞同你。

妈妈影响女儿的品质

孩子从出生的那一天起就接受妈妈的爱护，对于孩子而言，妈妈是最安全的港湾，也就很自然地对妈妈产生心理依赖感。妈妈对女儿的影响是很深远的，女儿的言行举止、性格、形象以及素养都与妈妈存在相似点。妈妈对女儿潜移默化的影响，很有可能影响孩子的一生。

童话大王郑渊洁曾经说过："成也母亲，败也母亲。妈妈对女儿的教育是需要高度重视的。"

杨澜出生于知识分子家庭，虽然是家里的独生女，但是父母对她并不骄纵。杨澜在宽容的家庭环境中长大，享受着亲情，懂得关心父母。

杨澜14岁就开始帮助妈妈做家务了，生活能力也得到了培养。当时杨澜不负责买菜，父母将菜买回来之后，杨澜下厨做饭。

一天，杨澜对买菜产生了好奇心，想要经历一次买菜的过程。放学路上刚好路过菜市场，很自然地走进去，希望能给父母一个惊喜。

杨澜正在到处看的时候，一个长长的队伍吸引了她的目光，也没看看是卖什么的，就跑去排队了。

杨澜看看队伍，很长，看不见卖什么，就问前面的阿姨："阿姨，这是卖什么的呀？"

阿姨回过头来，看见是个小姑娘，告诉她："是豆腐。"

杨澜知道爸爸妈妈都喜欢吃豆腐，想象着摆在餐桌上的豆腐，以及爸爸妈妈的笑容，不禁开心起来。

那时候买粮是需要粮票的，因为豆腐是大豆做的，所以买豆腐也需要粮票。杨澜不知道呀，把钱给售货员，却不知道该如何沟通。售货员有些不耐烦了，大声地问："你要买几斤？"

杨澜用很小的声音说："买一斤。"

售货员说："半斤粮票。"

杨澜糊涂了，心想：豆腐是菜，怎么也要粮票？

当杨澜问售货员的时候，售货员的态度非常不好，吼道："豆腐当然要粮票啦！后面的，买几斤？"

杨澜感觉很委屈，回到家后，将自己在菜市场的经历讲给父母听。

妈妈知道杨澜很委屈，但也没有在杨澜的面前责备售货员的不良态度，而是给杨澜讲道理。妈妈语重心长地说："人在生活中会遇到各种各样的事情，如果对于一件事情产生错误的理解，心灵就会扭曲。"

杨澜说："我没有生气，就是觉得委屈。"

妈妈笑了，说："你想想，也许售货员有些不顺心才态度不好的，要宽容待人，对吗？"

杨澜说："我明白了，也是怪我，那么长的队伍，我什么都不懂，估计是耽误人家下班了。"

妈妈感觉到，杨澜经历了这一次买菜之后，心智更加成熟了。

现在我们看到的杨澜，宽容、大气，与其母亲的教育是分不开的。

女儿在家里与妈妈接触的时间比较多，妈妈具有良好的素质，女儿就能够接受良好的教育。妈妈善待周围的人，对别人的帮助都持有感恩之心，女儿也能与同学和朋友和睦相处。妈妈的视野对女儿的前程具有很大的影响力。

关新比较贪玩，上课的时候不注意听讲，还影响周围的同学。开家长会的时候，关新的妈妈来了，对于这个孩子的"多动症"，妈妈也很烦恼。

妈妈说："每天晚上我都督促她写作业，一个作文竟然能写三个小时，我也不知道该怎么办了？"

老师问："孩子写作业的时候，你在做什么？"

关新在旁边站着，说："妈妈不是玩麻将，就是看电视。她一看电视，我也想看电视。"

妈妈说："我也发现了，有的时候我们看电视，她就扒着门缝看。为这事，我还打过她呢。"

老师告诉关新的妈妈："关新再写作业的时候，你也坐在一边看书。孩子有很强的模仿能力，要想让孩子养成良好的学习习惯，家长就要以身作则。"

在家长会上，老师再次强调："当孩子学习的时候，家长最好也能跟着学习，一方面可以指导孩子学习，另一方面也能成为孩子模仿的榜样。家长积极学习了，孩子也很自然地努力学习了，即便是遇到困难，也能自主克服。"

老师的一席话给关新妈妈上了重要的一课。寥寥几句，让妈妈认识到自己对女儿的影响有多么的大。

女儿的成长中，妈妈要起到正向引导作用，就要在生活、工作上都持有积极的态度，在女儿面前展示阳光的一面。

妈妈不仅要工作，还要忙于家务，即便是工作疲劳，也不可以在女儿面前宣泄。与女儿在和谐的环境中相处。如果妈妈回家总是抱怨、唠叨，女儿会错误地认为家里是宣泄情绪的地方，心里感到郁闷的时候，就会在家里宣泄。女儿不愉快的时候，妈妈不可以强加制止，而是应该耐心地倾听，表示理解，之后问问女儿发生了什么事情。当女儿感受到妈妈的温暖之后，这种不良习惯就会逐渐改掉。

妈妈要经常与孩子交流，不需要刻意安排时间，面带微笑就是比较好的交流方式。即便是女儿心情不好，看到妈妈的微笑，也会情绪转好，而且愿意将烦恼告诉妈妈，让妈妈帮助解决。

对孩子的情绪采用软处理的方法，是对孩子的尊重。妈妈要认真对待女儿的想法，并予以肯定，对于女儿思想中偏激的一面，要分析原因，采用旁征博引的方法讲解，让女儿慢慢领会到自己的不当之处。

每个人都不是完美的，这一点要让女儿知道。当女儿犯错误的时候，妈妈也可以将自己类似的错误绘声绘色地讲给女儿听，但别忘了也要把自己改正错误的经历讲出来，让女儿知道妈妈也会犯错，改正了就好。

　　妈妈用自己的行动对女儿予以教育，发挥自己的榜样作用，女儿为妈妈的行为骄傲，也会很自然地效仿妈妈的做法。

父母离异对女儿的影响

　　成长中缺少父爱的女孩，希望从各方面得到补偿，当这个愿望不能实现的时候，自卑心理油然而生，叛逆心变强，试图用这种极端的方式保护自己。

　　当父母离婚后，女儿普遍由妈妈抚养。女儿对父母的离婚没有心理准备，且缺乏自我心理调节能力，就敏感地认为，父母的离婚是自己做得不对。过于重视自己对家庭的作用，觉得自己没有处理好家庭问题而懊悔。在父母离婚之后，不知道如何面对别人，既不愿意与人交流，也不愿意外出，每天沉浸在自己的世界中，一旦有不顺心的事情，就会产生激烈的反应，抵抗情绪非常强。

　　当妈妈看到女儿这种反应的时候，要审视自己有什么不当之处，是不是对女儿的关心不够。其实当女孩情绪激动，对身边的人非常抵触的时候，是期待着自己独立，却又没有能力独立，用制造声势的方式维护自己的尊严。与其说这种做法是在向周围的人示威，莫不如说是对自己不够满意，借此宣泄情绪，让自己的愤怒得到缓解。此时妈妈的责备莫过于火上浇油。当孩子发泄完毕，妈妈像朋友一样与女儿沟通，让女儿充分信任自己。当女儿愿意对妈妈说心里话的时候，妈妈需要做的就是开导女儿，让女儿对自己准确定位。父母离婚是大人的事情，与女儿没有关系，不需要有心理负担。当妈妈用心与女儿交流的时候，女儿感受到妈妈的爱，自闭的心结打开了，变得乐观起来，对生活和学习才能逐渐产生积极意识。

婷婷的父母离婚了。对于这个结果，婷婷是有心理准备的。在她的印象中，父母总是吵架。每当听到父母激烈争吵的时候，婷婷的脑海中就会有个闪念，如果他们离婚了，家里就安静了。

婷婷的爸爸开了一家公司，工作很忙，几乎每天都是半夜回家，什么也不过问，倒头就睡。妈妈一个人照顾家里的事务，也是起早贪黑。当爸爸妈妈吵架的时候，说得最多的就是照顾婷婷的事情，让婷婷感到自己是这个家庭的矛盾根源。

爸爸晚上回家，妈妈就唠叨个不停，爸爸不能忍受，就吵起来，很多时候已经睡着了的婷婷会被吵醒了，自己蒙着被子偷偷地哭。

婷婷的爸爸妈妈离婚后不久，老师让婷婷的家长到学校去谈谈。

婷婷回家对妈妈小声说："老师让家长到学校去，可不可以让爸爸去？"婷婷与妈妈一起生活，希望借由这个机会见到爸爸。

妈妈对婷婷的要求感到非常生气，大声说："你爸爸已经离开了，何况他很忙，没有时间去学校，还是我去吧。"

老师见到婷婷的妈妈，说："婷婷在近半年来成绩直线下滑，我想了解她在家里的学习情况。"

妈妈对老师的问话不知道该怎么回答，一脸茫然。

妈妈已经很长时间没有关注女儿的学习了，她能做的就是不让女儿玩手机、不允许看电视，让女儿按时完成作业。

妈妈将家庭情况告诉老师。她认为对女儿做了自己应该做的，却没有考虑到女儿的心理。

妈妈刚刚离婚的时候，情绪很不稳定，看到婷婷不写作业，就认为女儿是在偷懒，大声喊道："如果不写完作业就不能吃饭！"没想到，在妈妈眼里一向乖巧的婷婷开始顶撞妈妈了，而且坚决不写作业，还声称不想上学了。

老师听着妈妈的陈述，看着旁边低头不语的婷婷，说："家庭对孩子的影响是非常大的，包括方方面面。婷婷不仅学习成绩下降了，而且现在也不愿意与同学交往了，每天独来独往，还经常一个人坐在教室里面发呆。"

妈妈有些无奈，对老师说："我是个急性子，有时候对女儿的态度不好，可是我又能怎么做呢？我也问过她，是不是需要上辅导班，她就是沉默不语。看她现在的学习成绩，不是上辅导班就能解决的问题。"

老师说："家庭状况是不能改变了。婷婷现在的状态是自卑造成的，所以总是喜欢一个人独处。强迫她学习的效果不会很好，她现在需要的是妈妈的爱，多关注孩子的成长要比学习成绩重要，至少目前看来是如此。当家长做某个决定到时候，要考虑孩子的感受，让孩子放松，给孩子营造宽松、和谐的环境。"

妈妈听了老师的建议之后，就不再强迫婷婷学习了，而是一有时间就领着婷婷出去玩，与婷婷谈心，让婷婷理解父母。终于，妈妈看到了婷婷久违的笑脸。

家庭的变故对孩子的影响是很大的。孩子是弱势群体，缺少独立生存的能力。父母不仅没有对孩子足够关心，还强迫孩子做其不感兴趣的事情，久而久之，孩子就会产生抗拒心理。

妈妈的情绪不好，必然会影响女儿。女儿期望获得母爱，而妈妈没有满足女儿的愿望，女儿就会对妈妈发泄不满，生活和学习上也不再有积极意识，叛逆心变得非常严重。

女儿需要的并不多，母爱就能让她满足。

当女儿产生叛逆心理的时候，妈妈不可以用强硬的态度对待孩子，此时需要做的就是更多的关心和鼓励，将孩子的叛逆行为看作是能力发展的动力，引导孩子形成自我意识。

妈妈要让女儿认为自己在妈妈的心目中是最重要的，从而增强自我控制的能力，在妈妈面前不再执拗，也不再依赖，而是自立能力增强。

妈妈要认识到自己对女儿的影响，当孩子产生心理反抗情绪的时候，要因势利导，不可以直接批评，以免伤害女儿的自尊，而是给予更多的关注。女儿自己力所能及的事情都要让她自己做，妈妈可以从旁指导，但是不可过多干预。当女儿取得小小的成功，妈妈就要提出表扬。当女儿的自信心建立起来，就会每天开心快乐。

父爱让女孩的人生有方向

在一个家庭中，父亲的角色是不可替代的。女儿的成长需要父爱，这种爱让女儿的心里更踏实，让女儿更有勇气面对一切困难，因为女儿知道，只要有父亲在，一切问题都可以解决。父亲对于女儿而言，就像山一样坚实而有力，当女儿有一天可以独立生存了，父亲也会像坚盾一样，成为女儿可以依靠的力量。

现在有多少父亲在外拼搏却忘了家里的女儿，在他们看来，给女儿充足的经济资助，给女儿富足的生活，这就是负责。这样的父亲也许不知道，金钱是不能取代父爱的。每个女孩的成长中，父爱都是不可或缺的，父亲博爱、幽默、见多识广，女儿在父爱中就能够找到自己的人生方向。

如果女孩缺少了父爱，莫名的不安全感就会导致其在人生的路途中迷失方向。

女孩天生是柔弱的，要让女孩坚强起来，父爱是不可或缺的。女孩的成长中，父爱就好像是养料一样，让女孩柔弱中带着刚强，感受到父亲赋予的温馨，把握住幸福的方向。

冰心，本名谢婉莹，是中国的现代作家、翻译家和散文家。在冰心的作品中，关于父亲的散文不在少数。可见，父亲对冰心的影响是非常大的。

冰心说，父爱是沉默的。

父亲给女儿的爱与母亲的慈爱不同，而是发自内心的深沉的爱，是基于理解给予女儿无条件的爱，既不是轰轰烈烈，也不是热情奔放，而是默默无声的，感觉得到，领会得到，却无法用恰当的语言表达。

冰心的母亲身体不是很好，整个童年都是由父亲陪伴。冰心的一生受到父亲的影响很深，父亲的教诲伴随着她。晚年的时候，她对父亲的怀念依然没有消逝。

冰心的父亲谢葆璋是行伍出身，做事雷厉风行，对女儿则是舐犊情深，他对女儿的教育没有按照中国传统的教育模式。冰心的父亲在工作上和在家里判若两人。在冰心的心目中，他不仅思想新潮，而且对生活充满了热爱，对这个唯一的女儿更是疼爱有加。

父亲对冰心的爱不是宠爱，而是用自己的言行举止感染着女儿，成为了女儿走上文学道路的导师。

父亲有读书的习惯，冰心也喜欢静下心来读书。冰心从小就爱好文学，不可否认，她在文学方面是有天赋的。可是，如果没有父亲的宽容，没有和谐的家庭环境，即便冰心聪慧敏睿，也很难有所成就。

冰心的父亲是官员，但并不是常人想象中的严肃、守旧性格，而是非常有情趣的人，闲暇时光通常都是在家里度过。在冰心的印象中，父亲非常热爱生活，庭院中的花草都是父亲的劳动成果，还有狗陪伴在左右。

冰心是父亲的掌上明珠。父亲没有让冰心大门不出、二门不迈，而是经常带她走出去看世界，打枪、骑马、划船，这些男孩子会的，冰心也在父亲的指导下学会了。父亲还会带着冰心去看星星，到海边散步。冰心从小就见识很多，这些都是父亲默默无声的教育，也让冰心的心胸更开阔，有了浪漫的情怀，为其走上文学道路做好了铺垫。

冰心的父亲喜欢读书，家里的书很多，冰心在父亲的书房中就好像遨游在文学海洋中一样。冰心似乎也只有在读书的时候才会安静下来。

冰心是在诗书环境中长大的。冰心的父亲闲暇时就在家里吟诗，在冰心很小的心灵中种下了文学的种子。

冰心喜欢读《三国演义》，受到知识的局限，阅读的时候读不懂，但也乐在其中。父亲为了让冰心读懂《三国演义》，就带着冰心去看戏。冰心不喜欢看戏，可一听说是《三国演义》的片段，就高高兴兴地去看戏了。回到家里再读《三国演义》的时候，想着看戏的剧情，更容易理解其中的内容了。

冰心的性格直爽也是源自于父亲。冰心的生活没有局限在闺房，她的思想是自由的，也是自然而不做作的。

冰心长大后，回忆自己童年的时光，感觉就像是做梦一样，"是梦中的真，是真中的梦！"父亲带领她走上了成长的道路，也给了她最大的幸福。

在冰心的童年，女孩已经不需要裹脚了，但是按照当时的审美，女孩小脚还是最美的。冰心的母亲要给冰心裹脚，父亲坚决不同意，鞋稍稍紧一些都会很生气。每当冰心的父亲为这事生气了，母亲就将剪刀和纸裁的鞋样给冰心的父亲，让他剪鞋样，父亲还真就亲自动手给冰心剪鞋样，怕委屈了冰心的脚。

当时的女孩都穿耳朵眼儿，冰心的伯母对冰心的母亲说："不裹脚，耳朵眼儿是要有的。"冰心的父亲听说这件事之后，不好顶撞，把冰心叫过来，让伯母看冰心的左耳朵后面，说："你看，这里有一颗聪明痣，如果扎穿了，孩子就不聪明了。"

父亲对冰心的爱是从言行举止间流淌出来的，冰心在成长中慢慢体会。这种爱很深沉，冰心铭记在心。

在冰心的诗文中，将父亲比喻为早晨的太阳，灿烂而勇敢，让她快乐地迎接每一天，开始新的生活。

高尔基说："父爱是一部震撼心灵的巨著，读懂了它，你也就读懂了整个人生！"

女孩读懂父亲无言的爱，就会被这种爱所感染。冰心曾经说过，有了爱，就有了一切！

很多人认为，教育女孩是母亲的责任，并没有认识到父亲对女孩的关心是非常重要的。缺少了父爱的女孩容易产生焦虑感，行为的自主控制能力比较弱，依赖性很强。

女孩在父亲的呵护下，安全感会提升。父亲可以经常带着女儿参加实践活动，比如，参观博物馆、去游乐园玩、参加聚餐、出门旅游等等。也许女儿并不喜欢这些活动，但是，她喜欢与父亲相处，愿意与父亲共同参加活动，父亲对女儿的教育在活动中进行，让女儿提升社交能力，在生活中更有自信心。

女孩是希望被父亲关注的，也愿意将自己的感受与父亲交流，希望得到父亲的理解。父亲对女儿要持有尊重的态度，关注女儿的付出，让女儿感到亲情的温馨，找到获得幸福的方向。

让女儿吐露心声的法宝

许多女孩是多愁善感的，想法也比较多，一件微不足道的小事情也能让她很不开心。让女孩消除烦恼，生活得幸福快乐，父母的帮助很重要。

女孩心事多。有了心事就怕憋在心里。父母不知道女儿有什么心事，就没有办法解决。

治病要对症下药，可不知道症状，如何下药呢？

要想知道女儿的心事，家长就要倾听，静下心来听女儿说话，态度要认真。与女儿交流的时候，语言要温和，让女儿信任家长，才能将心里话说出来。

张玉的学校开设了拉丁舞训练班，每周日授课一次。学生可以自主报名，张玉对舞蹈比较感兴趣，也报名了。

上了两次课，张玉觉得挺好。可是，一个月之后，张玉就不打算学了。回家跟妈妈说："拉丁舞起初是一个人跳，觉得挺好的。现在变成两个人跳了，很不习惯。"

妈妈开导她说："学习不能半途而废，拉丁舞本来就是两个人跳的，可以培养协调能力。你跳舞的时候放松一些，就能与人更好地配合了。跳舞也是一种锻炼，而且还能接触不同的人……"

妈妈不停地说着，张玉看着妈妈，大脑中却是一片空白，妈妈的话一句也没听进去。

妈妈的声音终于停止了。张玉看着妈妈的眼睛，说："妈妈，我只是想要把心里话说出来，道理我都明白，也知道该如何处理这件事情。"

妈妈觉得自己在女儿面前失去了尊严，就大声对女儿说："你是觉得我很唠叨吧？可这也是为你好。妈妈是想让你明白一些道理，这对你的成长很有好处。说到正经事就不耐烦，不知道什么时候能懂事"

张玉露出了无奈的表情，转身回到自己房间里，关上了房门。

从这以后，张玉再也不愿意与妈妈交流了，每天回家，除了吃饭，就回到自己的房间。

孩子长大了，一些事情是可以自己处理的。孩子希望与家长像朋友般地相处，有心事向家长倾诉，并不是听家长讲大道理。家长以居高临下的姿态对孩子谆谆教导，让孩子很反感，也就很难有机会听到孩子的心里话了。

孩子在成长的过程中，犯错是必然的。家长过于紧张，没有采用恰当的方法帮助孩子，而仅仅是说教，很容易伤害孩子的心灵。

家长与孩子谈话的时候，要多考虑孩子的处境，对孩子的想法有清醒的认识，与孩子平等沟通。

家长都比较关注孩子的生活，将最好的留给孩子，让孩子在成长中没有后顾之忧。家长愿意为孩子付出，却经常忽略了为孩子的真正需求着想。

苏联著名教育家苏霍姆林斯基曾经说过："要教育好孩子，就要不断提高教育技巧。"要提高教育技巧，就需要家长付出个人的努力，不断进修自己。

家长给予孩子的不是其真正想要的，孩子就未必接受，付出也不会产生结果。现在的家长都很忙，忙于家务，忙于工作，忙于各种各样的事情，没有时间与孩子交流。家长在孩子在很小的时候不愿意与之交流，当孩子长大了，家长想要交流，孩子的心门已经关上了，即便家长说什么，孩子也不会接纳的。

家长每天都要坚持与孩子谈话，最恰当的时间是晚上7点左右。这个时间正是晚饭过后，家长可以与孩子散步、聊天。也许此时家长还有很多事情要做，比如，碗还没有刷、地还没有擦，请暂时放一放，将孩子的教育摆在首位。

谈话的目的是为孩子创造机会说出自己的心事。家长要注意倾听，对孩子发生的事情不可以用批评的语言，更不可以人身攻击，而是要引导，让孩子自己认识到问题，并自己尝试着解决问题。

刘倩在妈妈的心目中是很乖巧的女儿，心里有什么事情都会找妈妈说。可是，妈妈听着女儿的话，觉得很无聊，就告诉女儿："妈妈现在很忙，自己的事情自己处理。"

女儿觉得妈妈根本不在乎自己的感受，本来就心里很难受，妈妈的态度让她很失望。于是，刘倩有心事就写日记，不再跟妈妈说了。

当女儿有心事的时候，家长一定要倾听，明白事情的来龙去脉，给女儿提供帮助。刘倩不愿意与妈妈沟通，妈妈就很难了解女儿。随着年龄的增长，女儿与妈妈之间就会产生心理上的隔阂，这对女儿的心理健康非常不利。

当女儿回家就到自己房间，或者一个人发呆的时候，可能是女儿有心事了。如果孩子习惯于将自己的心事与家长分享，家长可以创造一个倾诉空间。家人之间分享心里话，在这样的交流氛围中，孩子也会不自觉地将自己的心里话说出来。

当女儿皱着眉头的时候，家长就要用轻松的语气对女儿说："我不知道发生了什么，但是我会尝试理解你的感受。"

其实孩子有的时候更需要家长给自己思考的空间，让其自己处理问题。但是，孩子也需要倾诉对象，将自己的心事说出来。此时，家长的倾听要比说教有效得多。

随着孩子的逐渐长大，就会有一些隐私。如果孩子愿意向家长透露隐私，家长就要帮助其保守秘密。孩子是独立的个体，都有自己的想法，家长要与孩子建立朋友关系，通过交流了解孩子的想法。

女儿遇到问题的时候就会找父母，这是本能，因为她们认为父母是最亲近的人，也是最可靠的。父母要利用好女儿的这种依赖心理，培养她养成交流的习惯。每天晚饭后大家说一说有趣的事情，不是很好吗？让女儿喜欢交流，也愿意把印象深刻的事情与父母分享，家长在倾听的过程中分析女儿的所思所想。当有机会与孩子共同活动到时候，用寓情于景的方法传递自己的想法，可以获得意想不到的收获。

当女儿犯错误的时候，改正了，就要予以表扬。让女儿不会因错误产生心理负担，认识到改正了错误就是父母心目中的好孩子，也就养成了主动承认错误的好习惯。

第 2 章

尊重，心理健康

对女儿的培养是父母的职责。女儿需要的，父母往往会无条件提供，用物质上的给予激励女儿、尊重女儿，给女儿关怀，让女儿在成长中充满自信。

美国慈善家罗斯·肯尼迪说："照看孩子不仅是一种爱与责任的表现，也是一项职业，就像世界上其他任何令人尊敬的职业一样，它充满乐趣和挑战，需要全身心的投入。"

既然培养女儿是父母的职业，父母对女孩就要有调节能力，调节好自己与女儿之间的关系，调整好女儿的学习和工作的关系。可是，父母在履行职责的同时，对女儿尊重的缺失，往往使女儿拒绝与父母分享情感空间。情感空间是有其内在价值的，不能被随意践踏，即便是父母也不能这么做。

毕淑敏说，人活着就是为了幸福。确保幸福的不是财富，也不是成功，而是乐观。也就是说，幸福与心理健康有关。一个心理健康的人，在事业的发展上会更有成功的机会。

让女儿有独立的空间

培养女孩独立的性格，就要让独立成为一种习惯，在女孩很小的时候就给她一个独立的空间，让她在自己的"地盘"中做喜欢的事情，也要为自己的"归属地"承担责任。

孙怡已经4岁了，和爸爸妈妈睡在一个卧室中，但是有单独的小床，小床的旁边有一个小桌子，上面摆放的都是孙怡自己的物品。一天，妈妈在大床和小床之间用漂亮的屏风隔开了。孙怡很奇怪，问妈妈："妈妈，为什么要这样隔开呢？是不是你们讨厌我了？以后我会很乖的，再也不吵得你们睡不着觉了。"

原来，孙怡晚上9点钟该睡觉的时候，爸爸妈妈怎么哄也不睡，接连几天都是晚上11点多才睡觉。爸爸妈妈已经很困了，第二天早晨还要上班，每天折腾得困倦得困倦不堪的。

孙怡虽然很贪玩，心里也知道爸爸妈妈是耐着性子，没法对她发脾气。

妈妈看女儿多心了，把女儿抱起来说："尽管你有的时候很淘气，爸爸妈妈也不会讨厌你的。这是用屏风给你创造属于你自己的空间，你在小空间中可以做自己的事情，爸爸妈妈都不会干涉，当然了，卫生也要自己打扫，自己的物品自己处理。"

孙怡说："我可以到另一个房间去的。"

妈妈说："你还小，在一个房间中给你一个小小的角落，我们可以照顾到你，你也能经常看到爸爸妈妈，对不？"

孙怡很开心，将自己的物品一股脑地放在自己的空间中。毕竟空间有限呀，还不知道如何摆放，就是这样一个小小的角落，摆得就好像小仓库一样。

平时孙怡的物品都是妈妈整理的。现在妈妈不会光顾她的领地了，里面的东西也不再帮助整理了。没有人干涉是挺好的事情，可是，很多东西乱糟糟地堆在床上……

一天，邻居的小朋友到家里来玩，孙怡让小朋友参观自己的领地，这位小朋友当时目瞪口呆，站在屏风的边上，不知道该如何走进孙怡的空间中，因为地上也放满了东西。尽管如此，孙怡还是很骄傲，虽然这里比较乱，还是与爸爸妈妈同处在一个房间中，可毕竟是自己的空间，对邻家小朋友的表情并不介意，而是非常骄傲地说："这个地方是我的，爸爸和妈妈都不到我这边来，我可以随意布置，想怎么装饰就怎么装饰。你是不是觉得我这里很乱？等有时间我弄干净就好了。"

有时间了，孙怡慢慢收拾自己的小空间。她学着妈妈的样子将各种物品分类，玩具放在一起，图书放在一起，衣服放在一起，之后安排一个固定的位置摆放好。

就是这么小小的地方，孙怡收拾了好长时间，终于大功告成了，可把她累坏了。孙怡想起自己的物品随处乱放，妈妈每天都收拾房间的情形，认识到自己太不珍惜妈妈的劳动了。

孙怡学会了归置自己的物品，也体会到妈妈的辛苦，用过的东西都乖乖地放回原处，再也不乱放了。妈妈打扫房间的时候，孙怡还主动帮忙。

孙怡在家里有自己的空间，空间中所有的东西都是自己的，如何安排这些东西，如何使用这些东西，她都有绝对的自主权。父母这样做能够培养女儿的责任感。让女孩自主支配自己的空间，独立处理问题，思考力和判断力都得到了培养。

孙怡在自己的这个空间中，可以有自己的小秘密，可以什么都不做，一个人发呆，可以发泄自己的不良情绪。孙怡在这个小小的空间中完全放松，不仅自理能力增强了，心理上也更加健康了。

孙怡即便与爸爸妈妈同处一室，也是真正独立的人，更容易适应外界环境，也更能处理好人际关系。

给女孩开辟一个独立的空间是具有随意性的，未必在家里才能这样做，幼儿园也可以为女孩设置一个空间，让女孩在这里获得"自由"。

幼儿园在区角设计中，将这些小小角落利用起来，布置为绘画的环境、读书的环境和独自玩游戏的环境。这些环境中都配备了孩子需要的物品。只要进入这个空间，就可以独享"自由"，即便是老师也不会打搅。

英国的费伍德儿童活动中心对儿童活动区域的设计颇费心思，简直就是现实版的童话世界。

丽萨已经5岁了，在儿童活动中心度过了两年，她非常喜欢这里的"小窝"。

丽萨比较内向，不需要参加集体活动的时候，她总是到"小窝"里面一个人待着，有的时候在这里看儿童画，更多的时候什么都不做，就是坐在这里发呆。老师在小朋友中间找不到丽萨了，到"小窝"就准能看到她小小的身影。

丽萨也学习舞蹈，但是她喜欢独享跳舞的乐趣。在这个儿童活动中心还建有"小树屋"，是给小朋友创造的表演空间。丽萨有的时候会在这里独自表演，老师并不会打搅她，只是远远地看着她跳舞。当她舞蹈完毕，老师才会走到她身边，把她带到小朋友中间。

幼儿园是公共场所，小朋友在这里有组织地生活、学习。一些幼儿园中除了公共空间之外，还设置有比较隐蔽的空间和给小朋友独处的环境，小朋友的隐私得到尊重。

给女孩安排一个独立的空间，家长要与女儿共同设计，使空间符合女儿的喜好，满足女儿独处的需求。

女孩普遍胆小，独立的空间要能给人以安全感，不仅温暖，还要照明充足，避免女孩独自在空间中产生恐惧感。

女孩具有丰富的想象力，给女孩留有随意涂鸦的空间，让女孩在这里展示"才艺"，满足孩子的成就感。

尊重女儿的秘密

女孩长大了，有小秘密了。女孩喜欢将小秘密封锁起来，因为这是她的内心世界，她觉得这些小秘密可以支撑起属于自己的天地。小秘密似乎被赋予了神秘色彩，女孩拥有了这些，更容易让自己满足。

当女儿突然有了秘密，父母就不自觉地产生一种不舒服的心理，即女儿不再属于自己了，女儿的心距离自己越来越远。于是乎，父母就不甘心地询问女儿，甚至背着女儿"调查"秘密。

我想大胆地问一句：好奇于女儿的秘密的父母有没有想过，当你知道女儿的秘密的时候，你又能如何呢？

有的家长说："女儿有秘密了，我有些手足无措。女儿曾经是个阳光的女孩，在父母面前无话不谈。不经意间，女儿突然变得内向了，无论问她什么，就是保持沉默。"

女儿的一反常态将家长的好奇心挑起来，想得最多的恐怕就是女儿一定是有什么事情不愿意告诉我们。家长期待着女儿长大，可是又不愿意让女儿独立于家庭范畴之外，家长在这种矛盾心理的影响下，对女儿的成长纠结起来。想象女儿有了自己的空间，不愿意与自己交流，就会感到怅然若失。

突然有一天，女儿急匆匆地走了，手机忘记关了，微信还在闪动。家长拿起手机，有些害怕，又有些惊喜。家长如获至宝一样拿着女儿的手机，天哪！女儿的世界就在眼前。

同学：你觉得班长很帅吗？

女儿：一般般吧。

同学：班长可是个学霸，很有文艺范儿。

女儿：喜欢肌肉男，有安全感。

同学：体育委员吧？

女儿：嗯，放学我们顺路，一起走，感觉真好。

当家长看到这儿的时候，会不会感到一阵眩晕，"女儿早恋"的情节如韩剧一样在头脑中上演了。

家长有些不知所措。手机依然开着，心里想着如何应对女儿的行为。教训，一定是不行的；做思想工作，没有恰当的交流机会。如果让女儿产生戒心，以后就更没有办法沟通了；视而不见，还有些不甘心。

家长感到迷茫。

女孩处于青春期，渴望独立，有自己的秘密仅仅是一种表现，家长对女孩的做法要尊重，因为这是孩子的发展规律，也是成长中的必经阶段。女孩的独立意识首先是摆脱父母的束缚，情感上不再依赖于父母，更愿意向同龄人倾述情感。

青春期的女孩对异性比较敏感，这是很正常的。女孩适当地与异性接触，能够了解自己与异性之间的不同。这个时候，家长需要给予适当的教育和引导，让女儿建立正确的爱情观。

黄磊接受采访，主持人问：如果你的女儿在15岁的时候早恋了，你该怎么做呢？

黄磊认为，女儿在15岁谈恋爱不能被叫做早恋，青春期的时候情窦初开是很正常的现象。恋爱就是恋爱，而且非常美好。女孩喜欢一个男孩是很美好的事情。作为家长，要注意正确引导女儿，对女儿进行健康教育，让女儿好好保护自己。

也许一些家长对黄磊的观点不是很认同，其实黄磊的这种做法是对女儿的尊重和信任。

女孩进入青春期，思想和行为都在向成熟过渡，家长不能阻止女儿的成长，只能注意引导，让女儿在正确的道路上前行。

主持人问黄磊，当你的女儿将小秘密锁在抽屉里，你会怎么处理？

黄磊说，即使不上锁，我也不会看的，女儿的日记、手机放在桌子上我也不会看。女孩长大了都有秘密，应该尊重女儿的秘密。女儿有自己的人生，我需要做的就是教给她什么是正确的。

黄磊对女儿的培养是以尊重为前提的。采用恰当的方法教育女儿，注意对女儿进行引导，让她知道，人生有不同的阶段，上学阶段重要的事情就是学习。

周国平曾经说过："想要孩子信任家长，首先家长要去尊重孩子。"

家长要尊重女儿，让女儿觉得家长是理解自己的。家长循循善诱，女儿就会将自己的小秘密说出来。家长的尊重，换来的是孩子的信任。

黄磊在培养女儿方面有自己的想法。女儿是有思想的，是独立的个体。家长将自己的意志强加给女儿，是对女儿的不尊重。家长示范，才能让女儿接受潜移默化的教育。女儿应该承担的责任一定要让女儿承担，需要做的事情没有做，就要勇敢地面对后果，这个后果也要让女儿自己负责。

女儿有秘密了，家长对女儿不放心，要了解孩子的成长，就要与女儿多沟通。"偷看"的方法不正确，让女儿信任自己，女儿就会很自然地将心里话说出来。日常生活中，家长对女儿要多观察、多分析。另外，与老师经常交流，也可以对女儿有更深入的了解。

当女儿慢慢长大后，遇到自己喜欢的人，就愿意与之交往。家长要教会女儿与异性交往的正确方式，营造女儿与自己平等沟通的语境，态度要坦诚，让女儿知道爱情不是人生的全部，要不断地学习，完善自己，才能拥有完美的爱情。

感知女儿的内心世界

女孩的内心世界是丰富的。善于观察，关心她的内心情感，才能感知得到。孩子在家长面前似乎永远也长不大，家长总会说，小孩子，没经历多少事情，懂什么？突然有一天，女儿变了，原本很乖、很听话的女儿不听话了，学习成绩快速下滑。这个时候家长才意识到，自己很长时间没有关心女儿了，已经不是很了解女儿了。

女孩在成长的过程中，内心的世界是会发生变化的。家长习惯性地认为，女儿是自己的，不管怎么变化，都要听家长的话。可是，他们却忘记了女儿是独立的个体，有自我意识，有自己向往的生活，有自己小小的空间……终于有一天，家长开始怀疑人生了：我没有做错什么，怎么女儿这么不喜欢我？也许他们并不是没有做错什么，而是根本就没有做，没有做，换来的结果就是错误的。伴随着女儿的成长，与女儿心灵交流，不要让女儿适应自己的世界，而是要主动走进女儿的内心世界，让女儿接纳自己，了解女儿就不是一件难事了。

郎平号称"铁榔头"，独自将女儿白浪培养成人。郎平在忙碌之余，女儿的陪伴给生活增添了很多的乐趣。

白浪三岁的时候，郎平就与丈夫离婚了，女儿在美国生活，她自己在意大利工作。白浪小时候很单纯，她不理解妈妈为什么一定要到意大利去，离自己那么远，很长时间才能见到妈妈。

一天，郎平给女儿白浪打越洋电话，告诉女儿：我在美国找到了一份女排教练的工作，可以不必到意大利工作了。

白浪开心得不得了，终于每天都可以见到妈妈了。可是，母女的矛盾也产生了。白浪在美国长大，接受的是美国式的教育。郎平对女儿采用的却是中国式的教育，让白浪很不适应。

于是，母女俩的"磨合"开始了。

郎平回到美国，白浪是非常高兴的，她喜欢吃妈妈做的饭。每天郎平都开车送女儿到学校，女儿放学了，郎平把女儿接回来，还不忘问问女儿在学校的情况。

白浪认为妈妈这么做是不尊重老师，也不尊重自己，表示抗议，说：以后不要接送我了，我要坐校车。白浪还对妈妈说：我已经长大了。

坚强的郎平遇到了软肋——自己的女儿。

女儿不愿意理会郎平，郎平的心里很不是滋味。在意大利工作十年，没有条件照顾女儿。现在回到女儿身边了，对女儿的关心和照顾却遭到了女儿的排斥。郎平意识到，需要与女儿好好谈一谈了。

一天，白浪的老师给郎平打电话，让郎平到学校去一趟。郎平的心一下子就提起来，心里想："不会出什么事情了吧？"

不管有多忙，在任何的事情面前，女儿的事情都是最重要的。郎平急忙乘坐飞机回到洛杉矶。

当郎平到女儿学校见到老师，感觉不像是女儿出了什么大事，有些疑惑。老师似乎读懂了郎平的表情，将白浪的作业拿出来给郎平看。

这是一篇心理课作业。郎平仔细阅读，字里行间流露的都是女儿的心里话。女儿与郎平冷战，郎平坚持自己的观点：我是你妈妈，你必须听我的！女儿则认为，妈妈也应该尊重女儿的隐私。

郎平看到女儿的作业，了解了女儿的想法。只见上面写道：我的妈妈是女强人，她取得过非常辉煌的成绩，全世界有很多人崇拜她。但是，我不喜欢女强人妈妈……

郎平看到女儿的作业，就好像自己在照镜子一样，反思自己的作为，深感需要学习的太多了，除了工作，还有对女儿的教育方式。

回家的路上，老师的话萦绕在耳畔：孩子的直觉很敏感，而且往往是正确的。你的教育方式需要改变了，避免产生更严重的后果，否则到那时就后悔莫及了。

白浪很喜欢打篮球，而且是风雨不误。郎平不太理解，问女儿："你们打篮球也没人发工资，怎么那么起劲儿呢？"

白浪的话给郎平又上了一课，说：平等、自由、快乐，这是我们喜欢打篮球的秘密。教练与我们是朋友，在一起平等相处。他会奖励我们冰激凌吃，篮球训练中表现好，还可以幸运地到他家参加家庭舞会呢！

郎平听了女儿的话，才知道，原来教练与队员之间还可以这样相处，可不是像她一样的严厉。

白浪还建议妈妈不要整天拉长着脸，队员总是对着这样的教练，怎们能开心地接受训练呢？

郎平有空就到女儿的学校看他们打篮球。都是些业余选手，不分性别，也没有年龄限制，训练却像模像样的。郎平作为美国女排的教练都觉得自己做得没有这位篮球教练好。看来女儿的建议是对的。

一次，郎平请美国女排的姑娘们到家里吃饺子，郎平亲自包的，姑娘们看到郎平温柔的一面，都有些不适应，也非常开心。当美国女排的主攻手汉弗妮看到这些精致的三鲜馅饺子的时候，对郎平说："珍妮（郎平的美国名字），没想到你这双大手如此灵巧，你太伟大了！"

白浪听到赞美妈妈的话，骄傲地说："我妈妈还会剪纸，还会画中国画呢！"

郎平走进女儿的世界，对女儿更加了解，也觉得自己年轻了很多，与女儿的关系更融洽了。

随着女儿的成长，家长对女儿关心和爱护的方式就要有所改变。女儿是独立的个体，需要被尊重。家长对女儿的变化不太适应，但也要多与女儿沟通，最好的办法就是让自己融入到女儿的生活中，感受女儿的生活，体验女儿的心境，女儿阳光的一面就会展示出来。

对女儿尽可能地包容才能接近她。女儿需要倾述，家长就要认真地倾听，分析女儿的所思所想，让女儿知道，所有的表达都是被允许的，让女儿言行一致。

家长与女儿互动，要学会把腰弯下，拉近相互之间的距离，让女儿感受到温暖，走进她的内心世界就更加容易。

妈妈不是长久的依赖

女孩对妈妈有天生的依赖感。随着年龄的增长，这种依赖变成了习惯。女孩长大了就要离开父母独自生活，妈妈培养女儿的独立能力是让女儿将来更好地生存下去，毕竟妈妈不是女儿长久的依赖。妈妈越早培养女儿的独立能力，女儿的处事能力就越强。

居里夫人在女儿很小的时候非常注重对女儿独立能力的培养，而且指导女儿用智慧解决问题。

一天，居里夫人看见女儿哭了，不知道发生了什么事情，但也没有过问。女儿看见妈妈，跑过来对妈妈说："妈妈，我的小乌龟不见了，不知道跑到哪去了。"女儿看起来很伤心，一边哭，一边说。

居里夫人问女儿："你的小乌龟丢失大约多长时间了？"

女儿说："大约30分钟。"

居里夫人说："30分钟的时间，小乌龟爬得很慢，距离我们不会太远的。你把它的鱼缸作为中心，在半径为5米的圆圈范围内找，一定能找得到。"

女儿听了妈妈的话，在自己划出的5米半径的圆内寻找，果然，小乌龟就藏在草丛中。

居里夫人的女儿小时候对妈妈有依赖感，小乌龟丢了就哭着找妈妈。居里夫人不是如多数孩子的妈妈一样和女儿到处寻找，而是帮助女儿分析寻找的方向和范围，告诉女儿寻找的方法。除了居里夫人的指导之外，画圆、寻找都是女儿自己做的。女儿在找小乌龟的过程中，学会用自己的智慧独立解决问题。

居里夫人是科学家，同时也是一名伟大的母亲。居里夫人两度获诺贝尔奖。除了科学上的成就之外，还将两个女儿培养成人。

居里夫人的科研工作非常繁忙，却没有忽视女儿的早期教育。女儿还不足1岁，居里夫人就让她充分地接触大自然。女儿大一些了，带着女儿做"智力体操"、讲童话故事，各种手工操作。所有的教育都是从实物起步的，让女儿对各种事物充满兴趣。居里夫人对女儿的教育可不是局限在游戏上，烹调也是一项教育内容，还教女儿各种运动。当女儿具备各种能力后，自信心也增强了。

居里夫人的女儿伊雷娜·居里在1935年获得诺贝尔化学奖，另一个女儿艾芙·居里虽然没有获奖，却也是享誉世界的记者和作家。女儿的成就与居里夫人的科学启蒙教育具有直接关系。

在《居里夫人写给女儿的信》中，居里夫人告诫女儿，不仅要自信，更重要的是要自立。一个人要获得成功，只能依靠自己，自立可以发挥动力的作用。

家长没有对女儿的独立生活能力训练过，也没有刻意地改变环境培养女儿的适应能力。女儿长期在稳定不变的环境中成长，必然缺少独立意识。

爱迪生曾经说过，坐在舒适的软垫子上的人容易睡去。

女孩对妈妈产生依赖性，做事情就无法自主自立，一旦遇到困难，首先想到的就是全身而退，因为她知道，有妈妈在就不需要自己操心解决问题。

居里夫人告诉女儿，在健身房里让别人替我们练习，是无法增强自己肌肉的力量的，没有什么比依靠他人的习惯更能破坏独立自主能力的了。如果你依靠他人，你将永远坚强不起来，也不会有独创力。

当女孩做事情的时候具备自主解决问题的能力，她的潜在力量就能够发挥出来，而且这种能力还能变得更加坚强。

居里夫人在给女儿的信中，从维护自尊的角度提出独立的重要性。她说：在这个世界上没有比自尊更有价值的东西了，如果总是想着获得别人的帮助，也就失去了尊严。

一些女孩认为，依赖别人是理所当然的，毕竟女人是弱势群体。"弱势"变成依赖的理由，在家依赖父母，出门依赖朋友，将来找个会赚钱的老公，一生无忧矣。可是，尊严呢？女孩生存在社会中，也是要有尊严的，自尊才能博得尊重。相信没有哪个女孩愿意一辈子做个仰人鼻息的人。

居里夫人说："只有当你意识到自己要在世上完成一件事、扮演一个角色、必须自立时，你才能有所作为。生活也因此具有了崭新的意义。"

女孩在生活中缺少自信，会对妈妈产生依赖。妈妈要经常鼓励女儿："你一定能做到的，只是没有发挥好。"让女儿相信自己。

当孩子获得比较高的评价，即便能力有限，也会努力提高自己的能力以达到评价的标准，让自己变得名副其实。

当女孩遇到困难的时候，妈妈要认识到这是让女儿锻炼的好机会，提供一些具有参考性的意见，至于女儿如何去做，妈妈不可干涉。

对无理要求学会说"不"

小孩是天真可爱的，但不经意间也会给家长带来一些烦恼。其实小孩是很聪明的，他们对身边的人和事很敏感，只要有条件，就能充分利用。

经常听见年轻的父母抱怨，我女儿的要求得不到满足，就会大哭大闹，合理的要求可以满足，迁就她无理的要求，对她的成长是没有好处的，真是不知道该怎么办才好。

我在朋友家见识过这样的情景：

家里的女孩3岁了，吵着要吃雪糕。妈妈不给吃，告诉女儿，刚吃过饭，吃雪糕会肚子疼。于是，这个女孩以最快的速度趴在地上，连哭带滚。我当时在场，觉得有些尴尬，心想会不会影响家长教育孩子。朋友的做法让我感到意外，她冲我笑笑说："没事，我们到书房去聊天，让她自己在这儿哭。"说着，把我拉到书房，却把书房的门留个缝隙。

我小声说："孩子会不会哭坏了？"

朋友说："你看看就知道了。"

我从门缝看着小女孩，哭声依旧，正趴在地上四处张望。没多久，哭声停止了，小女孩原地坐起来，用手擦着眼泪。估计是没有人理她的缘故，自己站起来，拿个玩具玩了起来。

朋友拒绝了女儿的无理要求，用这种方式告诉女儿，不是所有的要求都能够得到满足，用哭要挟也是没有用的。

在网上看到一则新闻，有些不可思议。

一位爷爷带着4岁的孙女逛超市，买了一些东西之后就要往回走。孙女坚决不离开，因为她想要的东西爷爷没有给买。爷爷拽着孙女，可是孙女就是不走。爷爷非常生气，打了孙女一巴掌。

孙女的要求也许是无理的，爷爷可以拒绝孙女的要求，但是采用武力的方法是不可取的。

小孩在公共场所顽皮耍赖是比较常见的，大人要宽容一些。拒绝孩子可采用恰当的方式，用这种方式拒绝孩子，不仅会造成身体上的伤害，还容易导致孩子心理上的畏惧感。这样的孩子在成长中会形成害怕被拒绝的性格，不敢争取自己的利益。她的潜意识中形成一种认知：我得不到是我没有资格，因为我不够优秀。

女孩对家长的爱护如已经成为了习惯，就会产生一种误解，即家长可以满足自己的任何要求。当女孩对家长提出要求之后，家长无条件地答应了，她就会继续提出要求，而且"得寸进尺"。

家长对女儿无条件地妥协是不对的，但是也不可以大声喝斥，更不可以动手打孩子，而是要有原则做事。

如果是生活中的小事情，家长可以满足孩子的需求，但是要有条件，让孩子知道任何要求都不是无条件获得的。比如，家长接女儿放学的路上，女儿要到公园的游乐场玩，家长可以规定玩的时间，例如一个小时，之后就要回家吃饭。女儿答应要求了，可以去玩，否则就不行。

在孩子面前做事有原则，在答应孩子要求的时候与孩子讲条件，就可以对孩子的无理要求有所控制，让孩子认识到不是所有要求都是被允许的。

当孩子看到别人玩玩具的时候，自己也想要，这是普遍现象。家长要对孩子进行教育，避免孩子养成攀比的习惯。特别是女孩，看到别的小朋友穿衣打扮很漂亮的时候，她也想要，家长就要适当制止，告诉她这么做是不对的。

对于女孩的要求设立"底线"是必要的，对超越了底线的要求坚决不能答应，一定要坚持原则。

一些女孩在要求没有得到满足的时候表现出任性，发脾气，家长可以采用观望而不表态的方式。在保证女孩不会有危险的情况下，对她的行为不予理睬。当她觉得这种方法不奏效的时候，就会自动停止了。孩子平静下来之后，家长要讲明道理，让女孩知道自己所提出的要求是无理的。如果女孩一哭闹，家长就答应她的要求，只会让她更加任性，而且这种扭曲的行为还会加剧，影响其健康成长。

对女孩的无理要求，采用转移注意力的方法也是很有效的。比如，女孩想要吃糖，可以用玩游戏来转移女孩对糖的注意力。当女孩沉浸在游戏中的时候，很有可能忘了吃糖的事情。游戏结束后，如果女孩又想起吃糖，就告诉她，糖不可以空腹吃，要在饭后吃，而且还要告诉女孩，要少吃糖，吃多了牙齿上会长"虫"，非常疼，很多好吃的东西都不能吃了。如果有条件，让女孩看看有关蛀牙的视频，当她知道牙疼是难以忍受的事情后，即便非常喜欢吃糖，也能有所节制了。

摆脱考试恐惧症

有的女孩平时学习很好，临近考试的时候各种症状都来了，吃饭不香、睡觉做梦、头晕腹痛等等。当女儿在考试前出现这些现象的时候，家长就知道这是"上火"了。有的女孩在考前没有体征变化，但坐立不安，觉得很多知识都没有复习到、还有许多题没有做，唯恐考试成绩不好。

这些表现都是因为对考试过于重视，导致心理负担过重。特别是即将高考的时候，家长比孩子还要紧张。如果家长对女儿有过高的期望，自己的想法就变成了女儿的压力，这种负面强化，成为女儿的心理负担，越是害怕考试失败，就越是有可能遭遇失败。

考试成绩是对一个阶段的学习质量的验证指标，是升学的主要衡量标准，但是，考试成绩决定于多种因素，仅仅一个偶然因素，就有可能导致考试成绩不理想。孩子应该端正考试态度，考试仅仅是人生的一个经历，需要重视，但是要知道考试不是生活的全部。认识到这一点，放松心情，压力得到释放，学习效率自然就提高了。

户晓是个幸运的女孩，当同龄人为高考而奋斗的时候，她已经收到了美国大学的录取通知书。令人惊讶的是，她的手中同时握着7份来自美国大学的录取通知书，她对未来的学业具有自主选择权。

户晓是个爱读书的女孩，但是考试成绩总是不很理想。对于她而言，考试就是一种折磨，可见她的考试恐惧症是很严重的。虽然人生中未必要过高考这个独木桥，可是，考试是必经之路。高中时代，无论选择那一条路，几乎都需要经历考试。

户晓的父母对女儿的前途很担忧。经过思考之后，决定让女儿另辟蹊径，到国外读书。

户晓不善于考试。这个非常聪明的女孩一考试就紧张，甚至产生了厌烦的情绪，以至于连读书都开始头疼了。

户晓说，小的时候她就不适应考试，长大了也没有改变。中考的时候，户晓对爸爸说，如果考试成绩不好，不要对自己失望。

爸爸安慰女儿，人生有很多选择，并不是必须通过中考和高考才算是完满。户晓听了爸爸的话，心理轻松了很多。

中考过后，户晓选择了潞河学校国际部就读，她要走国外读书的道路，这样就可以避开高考了，可是需要面对各种英语考试，托福、SAT，这些英语关都需要过。

户晓第一次考托福是在高中二年级，这是她的一次尝试，没有刻意复习就考了80分。这个成绩让户晓对通过托福非常有信心，她相信，只要自己认真复习，有足够的单词量，托福考试这一关一定能过。

户晓每天背单词、刷题，在教室里自习到很晚。

一个恐惧考试的女孩，怎么考托福的时候就不紧张了呢？户晓说，我不紧张的原因是因为我知道自己有很多的机会，一次考不好，下周还有报名考试的机会，高考则不同，"一锤定音"，心理压力是很大的。

户晓的英语考试成绩超乎想象的好。她经历了3次SAT和托福考试，SAT考试的满分为2400分，户晓的成绩是2200分；托福考试的满分为120分，户晓的成绩是100分。美国多数的本科院校要求托福成绩为80分即可。

户晓喜欢看美剧，而且看的都是没有中文字幕的原版美剧，这是户晓学习英语的一种方式，当然也是她的一种消遣的方式。

国内没有英语语言交流的社会环境，户晓就找机会参加国际性的活动，让自己有口语训练的机会。比如，户晓参加留学展，为国外高校的教师当翻译，交际能力得到了培养，口语能力也增强了。

户晓有资格申请美国大学了，她选择了美国的7所大学，而且这7所大学都向她发出了录取通知书。

户晓的梦想是到美国波士顿大学就读。当她收到这所大学的录取通知书时，非常高兴。但是，户晓并没有因此停止学习，而是更加努力了。户晓的学习习惯没有改变，每天从早到晚学习，看美剧作为消遣，晚上依旧在教室中自习。

户晓说，以后到美国读书了，需要多学习英文，还要多阅读一些有关美国文化的书籍，更多地了解美国，以便在短时间内融入到美国的生活和学习环境中。

由于爸爸是一名律师，户晓也希望将来回国后当一名律师。户晓选择的大学没有法律系，她决定选择与心理学相关的学科，大学毕业之后，攻读硕士研究生的时候选择法律专业。

"有耕耘就有收获"，认真学习奠定知识基础，考试前做好准备，是为获得良好的考试成绩冲刺。对考试充满信心，就能更快地适应考试。可是，对于考试恐惧症的学生而言，接纳考试是很难的。

户晓是非常努力的女孩，从她的出国考试成绩就可以看出，她的努力已经超出了常人，而且学习方法得当。就是这样一位女孩，对升学考试充满了恐惧，于是选择到国外读书，不是为了轻松上大学，相反，到国外读书也是需要通过考试的，而且难度很高，户晓很顺利地通过了，因为她能轻松地面对考试，毫无压力。

要消除对考试的恐惧心理，心理上的接纳是很重要的。当接纳了考试之后，就能以平常心对待考试，该学习的时候学习，不用跟考试较劲，也不需要害怕考试。只要端正学习态度，集中精力学习，就能获得很好的学习效果。

女孩面对令人恐惧的考试时，将各种恐惧罗列出来，分析一下，就会发现，恐惧其实就是自己吓唬自己，夸大其词了。将自己的缺点放大，掩盖了优点，导致自己对考试心里没底。想明白了这一点，逐渐地就会发现，这种担忧是多余的。

学习要张弛有度，多参加体育锻炼，让肌肉放松，促进血液循环，加快新陈代谢，身心疲惫感就能够得到缓解，考试的时候，恐惧心理就能减轻许多。

不必追求完美

美，是带有主观色彩的。对美的衡量标准不同，审美的角度不同，对美的评价也有所不同。维纳斯失去了双臂，可维纳斯依然是美的，那是一种残缺的美。正是由于这种美带有瑕疵，才引发人们的联想。恰恰是联想弥补了维纳斯的缺憾，让维纳斯美到极致。所以，美，不仅在外形上，还源自于精神内涵。外形的残缺得到精神内涵的弥补，令人们感觉到维纳斯是完美的。断臂的维纳斯由内而外散发出来的气质吸引了全世界人的目光。

女孩喜欢追求完美，这种完美多源于主观想象。过于修饰的外形看起来完美，但这种完美仅仅停留在自我审美意识上，别人对这种美的评价则各有不同。美，要有价值，有价值的美可局限在某个方面，不需要面面俱到。女孩，不必追求完美，不要让完美变成负担。忽视小小的缺陷，尽情地展示好的一面，提升内在的气质，魅力就散发出来了。

钟彬娴，是雅芳公司的总裁和首席营运官。钟彬娴走上成功的道路，是因为她对工作的热情，并在适当的时候将自己的优势发挥到极致。

钟彬娴从美国普林斯顿大学毕业之后，进入到布鲁明百货公司做一名售货员。学习英国文学专业的她并没有因为在公司的最底层工作而失去热情，每一天都努力地工作着。责任和坚持让钟彬娴在12年之后成为所有女装业务的负责人。

钟彬娴34岁与布鲁明百货公司CEO麦克·古尔德结婚。也许对于很多女孩而言，钟彬娴的人生算是画上了完美的句号。"干得好不如嫁得好"，这是女孩群体中的流行语。可是，钟彬娴没有让自己停留在享受"完美"的生活，而是开启了新的人生路。雅芳给了她机会，此时她并不会想到，雅芳的未来正等着她去创造。

钟彬娴与雅芳CEO吉姆在他的办公室会面，给钟彬娴印象最深刻的是装饰板上印着四个足印：猿猴、男人的光脚、男式皮鞋和一只高跟鞋，题词是"这是领导权的演变！"

也许吉姆透过钟彬娴的表情读懂了她的疑惑，说：未来的十年，雅芳的领导人会是一位女性。

钟彬娴踏实肯干，她的管理经验丰富，在雅芳公司很快崭露头脚，钟彬娴得到了吉姆的重视，在公司负责很多的事务。

作为雅芳首席营运官的钟彬娴开始面临新的抉择了。吉姆即将退休，钟彬娴成为接替吉姆的候选人之一。

钟彬娴作为女性在职场上竞争，存在着先天的弱势。雅芳已经运营百年，所有的CEO都是男性，钟彬娴虽然优秀，但与这个职位先天无缘。

钟彬娴预料到这个结果，可当听到董事会决定的时候，依然感到对自己的未来充满了绝望。这种强大的冲击让钟彬娴挣扎了很久，面对很多其他企业的邀请，钟彬娴委婉地回绝了，她需要坚持。她知道自己是"不完美"的，但并不会影响她对工作的热情。

1999年，雅芳遭遇危机，股票猛跌50%，公司的运营已经成问题了。首席执行官查尔斯·佩林引咎辞职。就在这关键时刻，董事会想起了钟彬娴。

钟彬娴毫无怨言地挑起重担，对雅芳实施了改革，让雅芳度过了危机。钟彬娴在40岁担任雅芳CEO，成长的过程中没有放弃坚持，永远是带着热情投入工作。

在雅芳的发展历史上，钟彬娴很骄傲地说：我有优势，因为我是女性。

钟彬娴在竞争CEO中失败，因为她有不完美之处，这个不完美先天存在，但并没有使其丧失理性。她思考最多的不是如何让自己变得完美，而是用坚持和热情让自己更加优秀，在业内树立良好的口碑。当公司处于危难的时候董事会想到了自己，当雅芳需要她扭转乾坤的时候，她得到了更多人的支持。

完美，不需要刻意追求，带着热情做一件事情，不断地完善自己，就一定有机会成功。

打铁还需自身硬。本本分分地做好自己该做的事情就是一种修行，是完善自我的过程。即便有缺憾，也没有关系，只要有目标，不断努力就可以了。过于追求完美，只能让"完美"成为自己的绊脚石，眼光变得狭隘，看不清远方的路。

女孩追求完美，有的时候能达到令人不可思议的地步。

追求完美的女孩也许不会想到，自己所追求的完美在别人看来未必是完美的，因为审美标准各有不同。

女孩，请你不要忘记，微笑的时候是最美的。如果觉得自己不够完美，那就尝试微笑吧。

健康是最有价值的资本

女孩年轻，年轻就是资本，因为年轻可以有朝气、有活力、有时间，就可以有梦想、有未来。

女孩是可爱的，她们充满好奇心；女孩是有股闯劲的，初生牛犊不怕虎；女孩有追求，热爱着自己的生活。

女孩认为，只要自己想做到，就一定能做到。没有条件，也可以创造条件，因为年轻，有时间，就能成全一切。可是，女孩估计是忘了，年轻的同时，还要保证健康。健康的女孩充满活力，在学习和工作中充满热情。

健康的身体一定需要良好的生活习惯。规律的生活是对自己负责，晚上不熬夜，充分休息，白天有充沛的精力学习和工作，效率会更高。如果因为年轻就晚睡熬夜，不好好休息，长期如此，自身的免疫系统逐渐被破坏。一个患病的人，一个不健康的人，面色不好，精神状态不佳，美丽也就无从谈起了。

刘樱樱上大四了，正在为考研做准备。考研的压力太大了，刘樱樱每天忙于复习，总是感觉时间不够用。

她记得妈妈说过，时间就像海绵里面的水一样，是挤出来的。刘樱樱开始挤时间了，除了睡觉之外，吃饭、睡觉前、坐公交车，包括外出散步都拿着考研复习题，业余时间都被学习占用了。复习了一年的时间，刘樱樱的努力终于有收获了，如愿以偿地考上了研究生。但是，她也为此付出了代价，胃部时常隐隐作痛。一次上课的时候，突然胃疼了，这次胃疼不同寻常，刘樱樱已经不能坐着了，她蹲在地上，大颗大颗的汗珠从额头流下来。老师将她送到学校的医院检查，刘樱樱这才知道，自己患上了很严重的胃病。医生对刘樱樱说："每天都要按时吃饭，吃饭的时候最好不要做其他事情，还要注意补充营养。"

研究生毕业后，刘樱樱留校任教，在工作很忙或者天气转凉的时候就会感到胃疼，此时就感到工作乏力，影响了工作效率。

女孩平时不注意自己的身体，一旦患病，无论做什么事情都力不从心。状态不好，就会影响学习和工作。努力而不注重健康，即便非常有能力，即便有远大的报复，也会心有余而力不足。

所以，女孩不要透支自己的资本，做事情没有节制。如果有一天自己没有了健康，就很难快乐起来。

女孩的健康很重要，不仅是身体健康，心理健康也要高度重视。家长在女儿的成长历程中，要经常告诉女儿，健康是第一位的，有了健康，就可以获得很多，健康是自由的基本条件。身体不健康、心理不健康，无论是理想还是目标都会难以实现。

家庭教育对女儿的心理健康起到了决定作用。

一天，一家人坐在一起吃饭，爸爸妈妈边吃边聊，女儿却坐在那儿很闷。突然，女儿大声地喊着："我要吃豆豆，够不着。"

爸爸妈妈都被吓一跳。爸爸把一盘花生豆挪到女儿面前，说："不要大声说话，女孩子要小声点才可爱。"

女儿对爸爸说："老师说，吃饭的时候讲话是不礼貌的，而且你们说话的声音也不小。"

女儿的反驳让爸爸有些惊讶，心想："女儿说的对，'食不言，寝不语'，要求女儿做到的事情，自己都没有做到。"

爸爸马上向女儿赔礼道歉，说："我们也有错误，以后吃饭的时候尽量不讲话。"

家长要规范女儿的行为，自己就先要做到，成为女儿效仿的榜样。妈妈细声细语，女儿也不会大嗓门说话；妈妈的言行举止中透着优雅，女儿也会学着妈妈的样子。

保证身体健康，营养很重要。女孩学习和工作忙的时候有不吃早餐的习惯，对健康没有好处，不仅会导致营养不良，而且对疾病的抵抗力也会下降。

女孩最好不要经常熬夜，否则很容易导致内分泌失调。每天按时休息，坚持锻炼，可以避免发胖，保持身材苗条，而且免疫力也会提高。

家长为女儿安排好健身计划，每周都抽出一天时间和女儿进行户外运动。家长要关注女儿的情绪，发现女儿的情感波动，就要及时了解，分析产生变化的原因，用恰当的方法与女儿交流，帮助女儿控制好情绪。

第 3 章

教育，人格独立

北京大学新闻与传播学院教授师曾志提出：生命教育的意义在于培养独立的人格。生命是美好的，但是要有一双慧眼，能够发现生命的美好之处。教育，让孩子认识到生命的价值，感受到生命的可贵，而独立人格比生命更加可贵。

从孩子出生的那一天起，父母所能想到的就是让孩子吸收充足的营养，使其健康成长；让孩子涉猎多方面的知识，使其将来成为博学多才的人。可是，父母往往忽视了独立人格培养的重要性。独立人格是需要言传身教的，父母承担着教育的责任。一个具有人格魅力的人必然拥有良好的外在气质，父母要塑造女儿的气质，就要让女儿有见识，视野开阔，对于事物的理解更加深刻。人格教育的目的就是帮助孩子将独立的自尊体系构建起来，让孩子人格独立。在对孩子的教育中，让孩子在学习上努力，更重要的是养成良好的学习习惯。

女孩永远生存在童话世界里

女孩喜欢勾勒属于自己的童话世界。在这个世界中，自己是何其完美，如自己想象的一样漂亮。在童话世界中有魔法，想要做的事情都可以实现，想要得到的东西都可以获得。

为什么女孩喜欢编制童话？因为她们有对现实的无奈。女孩渴望自由，可现实生活中要听父母的话，要听老师的课，要遵守很多的规则。女孩都幻想着自己是童话中的公主，因为公主可以唯我独尊，被很多人喜欢。这就是女孩的心境。读懂女孩的心理，就要知道她的童话世界，分析她的角色。童话世界中的女孩是强大的，也许正是现实中女孩弱势的体现。

《潘神的迷宫》是一部悬疑片。影片中所呈现出来的世界亦现实、亦童话，现实的世界是残酷的，童话的世界是美好的。影片的主人公是一个天真烂漫的女孩奥菲莉娅，她生存在被独裁者统治的年代，到处充满了血腥，继父的残忍暴露了人性丑恶的一面。一个12岁的小女孩是没有能力颠覆这样的世界的，她不愿意面对残酷的现实，每天都好像身处在噩梦中一样，于是，她选择了童话世界。她让自己活在幻想的世界中，似乎很遥远，却留存在自己的心目中。光怪陆离的幻想让奥菲莉娅产生了莫名的快乐，就像是做美梦一样。起初，奥菲莉娅总是会被血淋淋的现实惊醒。阴森可怕的现实让她感到恐怖、压抑。逐渐地，她就永远地走入了童话世界中。

奥菲莉娅的童话世界不是常人想象得那样美好，现实的阴影笼罩在童话中，使得小女孩的童话也变得恐怖起来。

童话世界是那么的神奇，要想穿越现实，只要用粉笔画一扇门就可以了。

潘神的长相很怪异，是一个羊头人身的家伙。奥菲莉娅的爸爸在她很小的时候就去世了，妈妈与一名法西斯军官结婚。继父到山区攻打游击队的时候，奥菲莉娅就随同妈妈到了前线。

就是在这个时候，奥菲莉娅遇到了小精灵，并跟着小精灵进入到迷宫当中。

潘神出现了，目光飘忽不定，令人难以捉摸，狰狞的面孔即便是转瞬即逝，奥菲莉娅也会偶尔捕捉到。

潘神对奥菲莉娅说，地下王国就是她的故乡，她是公主。奥菲莉娅要重新成为王国的公主，就要完成三个任务。

在任务执行的过程中，奥菲莉娅遇到很多阻碍，满嘴腐物的青蛙是如此的庞大，似乎可以将所有的生物吞噬；一个食人怪物出现在眼前，眼睛冒着凶光，令人吃惊的是，它的眼睛竟然是长在手心上的，手指一样大的小精灵，很快就被食人怪物吃掉了。

奥菲莉娅没有表现出在继父面前的恐惧，而是坚信一定能完成任务。

奥菲莉娅完成了两项任务之后，由于没有严格按照潘神的指示行动，导致潘神非常愤怒。于是，奥菲莉娅回到现实生活中。妈妈生下了儿子后身亡，奥菲莉娅失去了妈妈的爱护，就好像处在伸手不见五指的黑暗世界当中，没有了生存的方向，好在有女管家继续照顾她，可是，厄运依然没有离她而去。女管家因为在暗中支持游击队而被盯上了，奥菲莉娅也被囚禁起来。

奥菲莉娅要继续生存下去，还有一线希望，就是回到地下王国。她带着弟弟走进了迷宫。潘神告诉她，要打开地宫之门，弟弟的鲜血是唯一的方法。

奥菲莉娅没有按照潘神的方法做。潘神离开了，奥菲莉娅的厄运降临了。

当一个试图逃避现实的小女孩却不得不面对现实的时候，就会用联想拯救自己的灵魂，每天让自己活在幻想出的童话世界中。

潘神的迷宫就是奥菲莉娅逃脱现实的想象空间。童年不都是快乐的，成长中的各种烦恼让女孩感到现实是枯燥的，就会用想象充实，一个属于自己的童话世界就形成了。在童年美好的回忆中，童话是最重要的一部分。

奥菲莉娅很孤单，沉迷于童话世界中，希望自己是童话王国中的公主，过着无忧无虑的生活。可是，现实与童话之间没有严格的界限，童话无法完全摆脱现实的残酷。

奥菲莉娅在现实中的无可奈何，进入到童话世界中，就变得勇敢起来。为了回到属于自己的王国，她克服了很多的困难，即便是再恐怖的生物、再可怕的事情，她也无所畏惧。奥菲莉娅虽然向往回到王国，变回公主，但是并不愿意用弟弟的生命作为代价，哪怕是让自己失去生命，也要维护尊严，这是奥菲莉娅的人格体现。听从潘神，但是要保留自己的独立人格，错误的事情一定不会去做。

女孩天生感性，她们沉浸在自己的世界中，让自己存在于童话里，展现着完美的自己。

有多少女孩喜欢灰姑娘的故事。想象中，她自己就是灰姑娘，一个偶然的机遇就成为了公主。

在一些父母看来，女儿的童话世界是难以理解的，对童话产生极大的兴趣也是非常可笑的。特别是与女儿走在大街上，当她看到喷泉的时候，就会想象某个童话的情节，然后快乐地走近喷泉，似乎自己已经进入到童话中。父母看着女儿的样子，觉得女儿是天真可爱的，但是并不理解女儿梦幻般的童话世界。

孩子的思维受到见识的局限，用想象的思维认识世界，也是积累经验的一种方式。家长引导女儿发挥想象力，将女儿的童话世界延伸到现实中，为女儿在适当的空间中营造如童话般的环境，女儿在可接受的环境中学习，不仅接受知识的能力增强，认知能力也能得到培养。

女孩在成长中，除了学习之外，生活中还有很多的内容，产生心理不健康的表现是必然的。敏感易怒、不喜欢学习、对父母和老师有抵触情绪等等。要让女儿对于事物有较高的认知能力，就要了解女儿的童话世界，将童话世界与女儿的现实生活建立关联性，让女儿对家长营造的环境产生熟悉感，乐于沉浸其中，激发其联想，仿佛自己已经身处在童话世界中。家长用这种方式让孩子认识生活、感受生活、体验生活，让孩子有成就感。让童话世界作为女儿认识生活的初始阶段，女儿的人格形成也会有一个好的开端。

女孩的纠结是想要太多

是不是经常遇到这样的女孩：同时上映的两个电影都想看，却无法决定先看哪一部，甚至一天的时间都在纠结这件事情；买面膜的时候，用过的面膜不好，决定换一种，买回来新的面膜又后悔了，觉得还是原来用过的好。

做出选择的过程就是心理上取舍的过程，因为对选择的谨慎态度，心理比较紧张，考虑的也很多。

女孩在选择的时候为什么要纠结，那是因为选择并非都是理性的，也有非理性因素的存在。之所以在选择之前比较纠结，是因为需要对某些事物进行比对，这些事物都是有价值的，要将最有价值的挖掘出来确实很难，将非理性的附加条件融入到选择条件中，女孩的选择更多是按照吸引力排列的。即便是已经排列完毕了，确定了首选项，也会考虑是否需要再衡量一次。

选择是很简单的操作，可是为什么让一些女孩如此纠结呢？

文玉已经四岁了，虽然是个女孩子，可是很贪玩。在家里，玩得非常开心的时候，饭都不好好吃。妈妈为了让文玉按时吃饭，不得不端着饭碗跟着文玉四处走。妈妈经常说的话是，她吃饭，我锻炼。

文玉的妈妈也知道，让孩子这样吃饭是不健康的，可是却想不出好的办法。

一天，文玉在客厅里骑小自行车，爸爸回来了，买了文玉喜欢吃的葡萄。

文玉看着爸爸拎着葡萄去厨房了，就放下自行车跟到了厨房，对爸爸说："爸爸，我想吃葡萄。"

爸爸说："现在就洗给你吃，你在客厅坐好，等着爸爸。"

文玉说："我还要骑自行车呢！爸爸，我骑自行车特别棒，一会儿你就看到了。"

爸爸问："你是要骑自行车呢，还是吃葡萄呢？"

文玉看了葡萄一眼，又看看客厅里的自行车，小声说："我想骑自行车，也想吃葡萄。"

爸爸的表情很严肃，说："骑着自行车的时候怎么能吃葡萄呢？一心不可二用！"

爸爸严厉起来，文玉还是很害怕的。她抬头看着爸爸，一脸委屈的样子。

爸爸说："爸爸现在就洗葡萄，你需要好好想想，是骑自行车，还是吃葡萄，只能选择一件事情做。"

文玉还是很乖的，走到客厅，爸爸把洗好的葡萄放在客厅的茶几上。文玉站在茶几的旁边，看看身边的自行车，推着走了几步，又停下来回到茶几旁看看葡萄。

爸爸也不说话，坐在沙发上，一边看电视，一边看着女儿在自行车和茶几之间走来走去。

这时，妈妈走过来，看着文玉，问："她在干嘛？"

爸爸说："她在吃的和玩的之间做选择，不知道选择哪个好了。"

爸爸说着，还带着得意的笑。

终于，文玉做出选择了，她放弃了骑自行车，坐在爸爸身边美美地吃着葡萄。

文玉在吃和玩之间纠结，就是想要玩，还要吃，但是条件不允许呀，她只能选择其一，文玉就开始纠结了。

文玉贪玩，导致吃饭没有规律，妈妈的解决办法是喂饭。四岁的孩子了还喂饭，这对孩子的成长是没有好处的。于是，爸爸就想出了让文玉自己做选择的方法，也是让文玉知道，选择是生活中的常态，更是独立的体现。

现在"男女平等"的呼声很高，尤其是女孩，她们可以和男孩一样读书、做事，还可以获得经济收入。事事都能自己做，于是乎，这些女孩就声称自己"独立"了。

我个人的看法是，独立没有这么简单，行为的独立最多是形式上的独立，还没有达到人格独立的境界。

不是为自己付出得多了，就是独立。独立不是经济概念，与付出也不存在必然联系。独立是要有独立意识，能够独立思考，将自己真正意义上地看成独立的个体。一个人格独立的人就要为自己的生存负责，为自己的幸福负责。

文玉在选择的时候，没有选择玩，而是选择吃，这是一种潜意识的选择。吃是生存的基本保障，玩则不然。爸爸用这种方式教育文玉，就是在培养女儿的独立人格，让女儿自己选择。

独立，意味着长大。女孩长大了，不是什么事情都是自己做，让自己如钢筋铁骨一般。独立的女孩可以不会修电脑，但要知道打电话找有能力帮助自己的人。每个人都不是全能的，不会做的要想办法处理。这就是独立的人格。

不会与朋友相处怎么办

懂得与人相处的女孩不会传播负能量。这样的女孩乐观向上、性格开朗，虽然人生有很多不如意，虽然也会悲观，但这种情绪仅仅是短暂的停留，良好的心态很快会让她从消极中走出，呈现在人们面前的是一张眼光灿烂的笑脸。

懂得与人相处的女孩热衷于发现美好的事物，关注充满正能量的事情，消极的因素很快被驱走。当一个人面对各种问题的时候能端正态度，就意味着自己正在成长。

孩子上学了，家长普遍有帮助孩子挑选同桌的习惯，希望孩子的同桌品学兼优，对自己的孩子起到带动作用。"近朱者赤，近墨者黑"，这句中国传统文化的经典成为了家长给孩子挑选同桌的理由。

一个朋友的女儿读高中了，她说："高中是非常关键的学习阶段，课业紧张，学习质量关乎到孩子的未来。虽然'条条大路通罗马'，不读名校、不上大学同样可以在社会上生存，也许生活得更好，但家长都希望孩子好好学习，不枉读一回高中，如果能考上理想的大学，人生就没有遗憾了。"

我说："你的女儿上高中，你会帮助选同桌吗？"

她说："不会，女儿从小到大都很有人缘。自己的女儿自己了解，不属于一个群体的孩子也不会经常在一起。至于同桌，看老师的安排即可。"

这位朋友平时就不拘小节，她女儿的性格也是如此。朋友对女儿的人际关系没有太高的要求，只要不是品性恶劣的孩子，都不会干涉。

她的女儿从小在单位家属区长大，邻居都是单位的同事，相互之间有照顾，女儿与邻居的孩子一块玩，虽然每个孩子的性格不同，也会产生矛盾，但是同事们相互尊重，孩子之间也都融洽相处。

我经常说她，太懒惰，对孩子疏于管理，小心会有后悔的一天。

她认为，孩子们在一起，家长就不该干涉，有点小摩擦也好，这也是生活体验。

就这样，她的女儿自由又快乐地长大了。

高中时，女儿交朋友就要有选择性了。朋友发现，孩子都有各自的优点，都有值得学习之处，况且，班级里的孩子并没有固定的同桌，教师会定期地给孩子们调整座位。朋友对女儿的高中生涯不再担心了，因为她知道，女儿即便学习不是最优秀的，也会收获友谊。

一天，朋友很骄傲地对我说，我女儿的班级里有一名来自新加坡的学生，她的中文说得非常不好，不愿意与同学一起活动，我女儿和她成为了好朋友。

原来一次班级组织户外活动。午餐的时候，同学们都找关系比较好的同学围坐在一起吃饭，只有这名同学一个人坐在一边。朋友的女儿拿了个茶叶蛋走到这位新加坡同学面前，送给她一个，说："这是我妈妈煮的，你尝尝。"

然后，朋友的女儿就坐在这位同学旁边，聊起妈妈煮茶叶蛋的趣事。

整个活动中，朋友的女儿都与这位同学在一起。这位同学虽然也会说中文，但是发音有些蹩脚。朋友的女儿没有觉得不方便，还不时地纠正同学的汉语发音。这位同学的英文非常好，朋友的女儿在与这位同学的交往中，英语口语水平提升很快。

朋友听到女儿讲与这位同学交往的事情，告诉女儿，并不是这位同学性格怪异，而是因为她的中文表达不好，在同学们面前有些自卑，觉得这是交流障碍。

很多同学都不愿意与这名新加坡同学交往，可是朋友的女儿和她的交往很愉快，这与成长环境息息相关，最为重要的是，要能看到别人的优点并虚心学习。朋友之间相互取长补短就会亲密无间，生活也会变得充实起来。人生的路很长，遇到的人很多，很多人仅仅是短暂的陪伴，或是擦肩而过。与人相处融洽，结交更多的朋友，珍惜朋友的友情，就会让朋友相伴更久，即便是分离，也会成为美好的回忆，让自己的心有所寄托。

并不是所有孩子都像朋友的女儿一样懂得与别人的相处之道。

廖心雨上学前班了。她一向喜欢自己玩，或者远远地看着同学们在一起玩，对参与集体活动似乎没有兴趣。老师对廖心雨很关注，她有自己感兴趣的东西，能专注很久，就是没有玩伴。

一天，老师发现廖心雨用自己的文具与同学交换，也会在一起吃饭。逐渐地，老师就发现了规律，当她有需要的时候，就和同学们在一起，当需要结束了，就不再来往了。

仅仅是交换和分享是不能建立持久的朋友关系的，而是要在相处中能够相互理解，有共同的兴趣爱好。

廖心雨年龄还小，也许对交友的深层次道理不是很懂，她能做的就是将朋友建立在简单的交换和分享的基础上，朋友的女儿不同，她更懂得对同学的理解，通过相互帮助，共同做一些事情，让朋友关系持续下去。

如果女儿很害羞，家长可以为女儿找个固定的玩伴，培养女儿的安全感。有时间就带着女儿接触社会环境，参与各种实践活动，让女儿多与陌生人打交道，可以培养女儿的交际能力。

7岁之前的教育塑造女孩一生

在人的成长历程中，7岁前是黄金阶段，每天都是无忧无虑地度过，没有学习的压力，也没有挑战，时间可以自由支配。为了让孩子在7岁之前度过有价值的人生，家长就要帮助孩子统筹安排好时间，让孩子的童年充满回忆。

女孩在7岁之前对父母是很有依赖性的。0至3岁之间，女孩对外界环境产生恐惧感，她们认为父母是最安全的，所以喜欢和父母在一起，希望得到父母的关注，对父母的爱具有非常强烈的渴望。

女孩长到3岁的时候逐渐适应外界环境，但是对外界的环境依然没有安全感，所以，女孩更愿意与父母有肌肤接触。如果父母不再像3岁以前那样抱着自己了，女孩就会对父母的爱产生质疑。

女孩可以从人际关系中感受关爱，在唱歌、跳舞上是比较有天赋的，却对下棋、数学游戏等活动缺乏兴趣。如果一定要让女孩做她们不喜欢的事情，她们心里不接受，也不会做好，逐渐地失去了信心。女孩如果在小时候喜欢交流，随着年龄的增长变得越来越内向了，这是缺乏自信导致的。

在女孩三四岁的时候，给她讲道理，她是不会理解的，也记不住，家长需要做的就是不断地重复提醒。同时，家长也要以身作则，孩子才会认识到哪些事情是应该做的，哪些事情是不应该做的。

东阳6岁了，还没有养成整理自己物品的习惯。她玩过的玩具到处乱放，因此总是找不到，衣服也是随处乱扔。妈妈告诉女儿多次了，用过的东西要放回原处，但是无济于事，东阳依然我行我素。

妈妈也无可奈何，就自己动手收拾"残局"。每天在东阳晚上上床睡觉之前，妈妈都要帮助她整理好玩具、学习用具和衣服。所有这些东西都放在固定的地方，并告诉东阳，需要的时候可以去拿。

有的时候，妈妈整理东阳的物品，东阳也很有兴致，跟着妈妈忙东忙西的。妈妈看着东阳勤快起来，就让东阳帮忙，告诉她每样东西应该放在哪儿，东阳也乐于帮忙，觉得和妈妈一起干活是很有趣的事情。逐渐地，东阳不需要妈妈叮嘱也能将玩过的物品归还原处，不记得应该放在哪，就去问妈妈。

7岁前的女孩还不具备逻辑思维能力，而形象思维能力比较强，用说教的方式，她是听不懂的，如果用示范的方法，家长身体力行，孩子就会学着家长的样子。

家长不允许孩子做的，就要态度明确，而且态度要严肃。比如，孩子听到别人说脏话，并不知道这些话是不该说的，就会学着说出来，此时家长就要告诉孩子："这些话不文明，不能说。"家长在日常生活中也要注意自己的语言表达。

对于一些规则，比如交通规则、公共场所注意事项等等，在不断提醒孩子的同时，自己也要严格遵守，也许孩子记不住家长的告诫，但是会对家长的行为印象深刻，并在行动上效仿。

一些家长会错误地认为，在女孩7岁之前培养其学习能力是非常重要的，防止孩子输在起跑线上，为上学做好准备。其实，这个年龄段的孩子可以适当地吸收一些知识，但身体健康才是最重要的。女孩发育充分，对于她今后的智力发展起了基础性的作用。

这个年龄段的女孩需求很多。如果让她们自己做决定，她们一定很纠结，往往将自己所喜欢的都说出来。比如，妈妈问女儿："你想吃什么水果呢？"女儿会回答："苹果、桃、西瓜、猕猴桃、山竹……"似乎想将她所知道的都说出来了。

如果换一种方式提问，"想吃山竹还是桃？"孩子就能很快地做出决定。

家长认为让孩子从小自己做决定也是一种教育途径，其实这样做会让女孩很为难。对于缺乏理性思维的女孩而言，家长帮助选择会更好一些。当然了，家长可以让女儿参与决定，给女儿指出方向，女儿就可以决定了。

女孩比较听话，相比于男孩更省心一些，但女孩也比较敏感，一点小事就会伤心很长时间，甚至哭闹不止，跑到父母身边，寻求父母的帮助。

著名的心理学家马斯洛曾经说过："挫折对于孩子来说未必是件坏事，关键在于他对待挫折的态度。"

7岁前的孩子心智还没有完全成熟，缺乏经验，社会经历不足，当遇到挫折的时候，就会不知所措。

在人生旅程中，挫折是重要的内容，即使对于大人而言是微不足道的小事情，放在女孩身上也可能是一种挫折。

森森到姥姥家串门。她一个人画画，家人坐在一起谈论单位的事情。爸爸说："单位要延迟发薪，这个月的家庭开销恐怕会紧张一些。"

妈妈说："也不急用钱，就当作是放在单位存款了。"

姥姥对认真画画的森森说："森森，姥姥要去超市，跟姥姥一块儿去吧。"

森森很高兴，蹦蹦跳跳跟着姥姥去超市了。

姥姥买了好多的零食。森森拿着一袋小饼干告诉妈妈："这一袋小饼干可以吃三天呢。"

妈妈问："为什么吃三天？"

森森说："多吃几天，就不用经常买了。"

森森觉得，家里的经济紧张是自己的原因，她要用这种方式减少家庭经济负担，维护好与父母之间的关系。

女孩对父母特有的依赖，在3岁之后就体现在人际关系上。女孩很听话，放弃自己的想法顺从父母，是为了让父母喜欢自己。

女孩在7岁之前正处于性格的萌芽期，女性的天性逐渐体现出来，比如，很爱干净，对人有包容之心，但同时一些缺点也会暴露出来，诸如胆小、容易受伤等等。

要塑造完美的女孩，家长就要抓住7岁之前的关键时期，在教育中扬长避短，将女孩身上的缺点逐一消除。

女孩是弱者，已经成为思维定势。家长对女儿的照顾更加细心，怕女儿受伤。当女儿有错误的时候，家长也主动承担责任。这种照顾让女孩事事依赖于家长。当女孩遇到挫折的时候，敏感、脆弱的天性就会爆发，感觉这一时刻，她已经失去了全世界。

女孩受到伤害的信息是她自己通过感官捕捉到的，而且按照自己的想法补充隐含的信息，结果伤害了自己。

让女儿多交朋友，对于女儿与朋友的和睦相处要予以赞美。孩子上幼儿园了，鼓励孩子与老师多沟通，不懂就问老师。孩子每天都在成长，要看到孩子的进步，并予以肯定，增强孩子的信心。

女孩天生爱干净，家长要将房间打造得干干净净，女孩就会效仿，同时还可以培养女孩的责任感和劳动习惯。

家长要处理好邻里关系，待人接物都要有礼貌，女孩也会学着热情地打招呼，养成文明礼貌的好习惯。

在小学阶段培养孩子学习意识

从小学生接受学校教育这一天起，就不再像幼儿园的学习那样轻松愉快了。学习不是通过游戏体现出来的，而是在更加严肃的课堂上进行，而且还要用考试的方式验证学习质量。小学生的家长比孩子还要紧张，怕孩子的学习跟不上，于是，家庭教育中，家长的说教不断，唠叨不停。

女孩在小学阶段还是很乖巧的，对家长比较依赖，也愿意服从，按照家长的指示做。随着孩子渐渐长大，学习的知识量增加，视野不断扩展，对于事物和现象就有了自己的判断标准，对家长的话先做出判断，偶尔表达自己的思想，这就是女孩独立意识的萌发。家长对女儿的唠叨是将教育停留在学龄前，孩子没有独立意识的时候对家长有依赖感，对家长的要求记不住，需要家长不断重复。小学生则不然，持续的说教让学习气氛紧张，孩子必然持有厌烦的态度，产生心理排斥感。

学习不是一蹴而就的，是要平稳持续进行的。没有营造良好的学习环境，就必然影响学习进度，导致孩子在学习中有始无终。要开发孩子的大脑，就要塑造宽松的环境，激发孩子积极学习的意识，让孩子在学习中具有自主性，并合理安排自己的学习。

女儿上小学一年级了。开学的第一天，我就告诉她："到了新的环境，有了新的朋友，就要换一种学习心情，用新的学习方式了。"

女儿听着我的话，点点头。从她的眼神中可以看出来，她并没有听懂我说的话，我也没有过多的解释。

放学回家，女儿把书包放到自己的房间里，冲着我喊了一声："妈妈我出去玩啦！"就推门往外走。

想到女儿玩性不改会影响学习，我就叫女儿回来，让她帮助妈妈摘菜。

女儿一脸的不乐意，可是，还是乖乖地走到厨房，低着头一声不吭地和我摘菜。

我说："和妈妈讲一讲学校有趣的事情好不好。"

女儿说："一点都没趣，没有幼儿园好，上课的时间很长，还得老老实实地坐着不能动。"

我说："所以，你要抓紧时间出去放松，是吗？"

女儿抬起头，说："妈妈，我想先玩一会儿再写作业。"

我说："现在你已经上小学了，和上幼儿园的时候不一样了，学习才是主要的事情，作业写完了，教师讲的知识都懂了，才可以出去玩。对了，每天把印象深刻的事情都记录下来好吗？比如学校的趣闻，和妈妈摘菜的时候讲给我听。"

女儿说："写完作业就可以出去玩了，太好了，今天的作业不多。"

我说："还有每天记录一件事情，妈妈给你准备了漂亮的日记本，就放在你的桌子上了，妈妈会检查的哟。"

"好的。"摘完菜，女儿就飞快地跑回自己的房间。

半个学期的时间很快过去了。女儿养成了回家先写作业的习惯，还每天都讲一些学校的事情给我听，简直是声情并茂。女儿也会每天写日记，虽然话语不多，甚至只有一句，不会写的字用拼音替代，女儿也都每天坚持下来。

美国著名教育家曼恩说："习惯像一根缆绳，我们每天给它缠上一股新索，要不了多久，它就会变得牢不可破。"

小学的教育与幼儿园不同，幼儿园是以玩为主，重在学生的思想品德开发，让小朋友在玩的过程中获得知识。小学教育不同，重在让小学生掌握基础文化知识，培养小学生养成良好的学习习惯。对于刚迈入小学校门的学生，家长就要帮助孩子转变角色，让孩子树立学习意识，认识到学习不仅是付出，还有所获得。

一次家长会回来，我和女儿步行回家路过小超市，女儿站在小超市的门口就不走了，说："妈妈，太热了，买点水呗。"

看着女儿热得汗都出来了，我觉得买瓶水的要求不算过分。

我们走进小超市，我告诉女儿："我这里有4元钱，只能买不超过4元的水，你自己选择。"

女儿在众多的饮料中开始挑选。各种价位的饮料都有，女儿一边嘀咕着"4元"，一边看着饮料，还不忘对比价格。要买自己喜欢喝的饮料，还要价格合理，这是不太容易的。女儿选了很长时间，最终选择了一瓶3.5元的饮料。

我们走到收银台，我给收银员4元钱，问女儿："阿姨应该找给我们多少钱。"

女儿算了一会儿，说："5角。"

我说："你看，学好数学很重要，是不是？"

小学的知识多多少少都与生活内容有关。让女儿体验到知识的有用之处，自主意识就会增强。

孩子上小学了，独立意识逐渐形成。家长对孩子的教育中，需要体现更多的尊重和理解。从幼儿园转入到小学学习环境，孩子有些不适应，家长要注意引导，让孩子认识到幼儿园与小学有什么不同，强调作为小学生，学习是第一位的，每天的学习任务完成了才可以玩，帮助孩子养成良好的学习习惯。

约·凯恩斯曾经说过，习惯形成性格，性格决定命运。可见，习惯看似小事，其力量是非常强大的，可以主宰人的一生。在女孩的教育中，要培养其学习意识，就要从习惯开始。

家长要引导孩子学会生活，将教育融入到生活中，让孩子学会生活，给女儿潜移默化的教育。女孩力所能及的事情就让她自己去做，当她懂得支配自己的生活的时候，独立意识就会逐渐形成。

中学了，引导孩子顺利度过青春期

青春期的孩子比较叛逆，是弱势的体现，也是对独立的渴望。女孩进入初中阶段，产生独立意识，希望自己能够与周围的人处于平等地位，拥有话语权。家长与女儿讲话的时候，不能使用命令的语气，而是要用商量的语气，尊重女儿的态度，让女儿接受自己。

青春期让女孩焦虑的是不得不面对的矛盾：生理上不断成熟，却没有人格独立；希望脱离大人独立生存，却没有经济能力。于是，女孩对家长要求的事情产生抵抗情绪，让自己有存在感。

王小菲上初中了，期中考试的成绩是全班级的第一名，妈妈非常高兴，请女儿吃肯德基，还买了些漂亮的衣服作为奖励。

小菲的爸爸说："孩子刚刚开始进入初中，路还长着呢，不需要这么隆重的奖励吧。"

妈妈脸上溢满笑容，说："考了第一名就应该奖励，让女儿知道好好学习就能有所获得。"

王小菲是活泼好动的孩子，琴棋书画都学过，绘画上很有天赋，喜欢看网络小说。脑洞大开的时候，还能即兴编故事，所以，小菲在哪都很受欢迎。

就是这样一个活泼开朗的女孩，进入到初中二年级就变得内向，不喜欢讲话了。老师觉得小菲的变化太快了，一年级和二年级判若两人。小菲每天放学回家就到自己的房间，把门关上，爸爸、妈妈都以为她写作业呢，也不好打搅。但是，每天不吃饭就不出屋，长此以往，妈妈就有些好奇了。一天，妈妈如往常一样敲门叫小菲吃饭，屋内没有应答，就推开门直接走进去了。妈妈看到小菲没有写作业，也没有看书，而是在玩手机，耳朵戴着耳机，所以没有听见敲门声。妈妈又回身敲门，这一次声音很大，小菲抬起头，看见妈妈已经站在眼前了，手机还拿在手里，有些无所适从。

妈妈没有说什么，对小菲说："我在外面敲门你没有听见，就直接进来了。洗洗手吃饭了。"说完，转身出去了。

爸爸妈妈认为孩子的性格变化有些不可思议，也许与手机有关系。

劳动节小长假，小菲一家要出门旅游。小菲提出了个要求，让网友一块儿去。

"什么？！"爸爸说："网友？你了解网友吗？"

"怎么不了解，我们都认识半年多了。"小菲说。

"见过面？"爸爸问："男生吗？"

"是女生，还没见过呢，希望借着旅游的机会见面。"

爸爸说："都不了解她，怎么能一块儿旅游呢？那是很危险的。"

"反正一定要让她去，否则，我也不去了。"小菲执拗地说。

已经安排好的旅游，说不去就不去了，爸爸很生气，说："你交网友跟我们商量过吗？如果你受骗了怎么办？你整天手机不离手，就是和网友聊天吗？"

看着爸爸生气的样子，小菲大声说："我做什么不用你们管！"然后就转身回到自己的房间，关上了门。

爸爸的脾气很大，站在小菲的房间门口大声喊道："等你18岁的时候，爱干什么就干什么，现在我们就必须要管。"

小菲正处于少年到成年的过渡期，她希望有独立的思考和活动的空间。每天放学回家就回到自己的房间，是希望独自享受这块自由领地，可以做自己想做的事情，不希望被干扰。小菲对自己已经有足够的认知，思想逐渐独立，不再对父母完全依赖。叛逆是自主思想表达的方式，是青春期女孩的自然反应。

女孩在青春期之前都希望被父母关心和保护，青春期时则希望脱离父母，可又对自己的未来没有目标，莫名的困扰让女孩喜怒无常，学习和生活都会受到影响。

女孩进入到青春期，学习压力大却无从释放，心理压力大却没有办法缓解，父母是最亲近的人却不理解自己，心里的迷茫、孤独让女孩的自我行为控制力减弱。

当孩子进入到初中的时候，家长就要认识到教育方式需要转换了。采用控制和命令的方法只能招来反抗。对孩子言听计从不仅不能让孩子有独立感，甚至会加重孩子的逆反心理。当孩子需要发泄情绪的时候，家长要想了解孩子的真实想法，就要倾听，每周安排个固定时间与孩子交谈——平等交谈，提出具有参考性的建议。

小学的课业轻松，进入到初中之后，女孩没有及时转换角色，面对多个学科，没有掌握合适的学习方法，学习压力感产生了。缺乏自信心的孩子，学习没有方向，内心迷茫。父母与孩子的交流出现障碍，就好像是导火索一样，叛逆情绪瞬间爆发。

小菲的爸爸面对女儿的叛逆予以对抗，这个做法是不妥当的，不仅解决不了问题，甚至会适得其反。

青春期是孩子成长的重要阶段。家长要陪女儿平稳地度过这段时期，就要引导她人格独立。

女孩叛逆的目的是提升自主性，希望自己成为独立的个体。父母就要鼓励女儿多结交朋友，让她在朋友中发挥自己的独立作用。女孩在与朋友的交往中，所认识的朋友对其的影响力是很大的。女儿在团队活动中，能够对自己有更准确的定位，而且突出自我价值。

家长对女儿交朋友并不会持有反对的态度，而是担心女儿"交友不慎"。女儿结交什么样的朋友很大程度在于她自己。真诚待人，诚实善良的孩子都会有朋友。家长要注重对女儿的教育，陶冶她们的情操，让女儿对于生活和学习都持有端正的态度，不仅行为上独立，思想上也要独立。在处理复杂的人际关系的时候，引导孩子寻找与自己志趣相投且思想一致的朋友。家长要走进女儿的世界，承认女儿的自我意识，尊重女儿的批判性思维，对女儿的片面性思维要予以指导和帮助。女儿感受到人格价值被尊重的时候，就会对父母敞开心扉。

4
Chapter

第4章

富养，品行修养

秉承富养女的思想，一些家长舍不得自己吃穿，衣食住行都让女儿享受最好的。女孩在家里的地位高得不得了，她长大了，就会觉得接受家长的给予是理所应当的，她才是最重要的。女孩持有这种思维是很可怕的，一味地接受别人的给予而不懂得回报，家长还能指望她什么呢？让这样的女孩能成为自己将来的依靠吗？估计也只能想想了。

女孩的富养不是娇生惯养，重在培养女孩养成良好的习惯，是要对女孩的性格予以培养。如果家长的富养不得法，让孩子迷失在蜜罐里，就意味着富养失败。

家长给女孩最好的，还要让她懂得感恩。富养女是家长对女儿爱的表达，但爱要有底线，溺爱孩子，终究会害了孩子。

富养不是娇养

自从"女孩富养"被作为经典之后，一时间成为养女的时尚方法。父母尽其所能给予女孩富足的生活，已经的到了极端程度。可是，随着女孩的成长，要求越来越高，攀比心日趋严重。

富养是一种说法。富养不是为了让女孩更加单纯，而是让女孩有见识。有见识，首先就要有知识，还要见闻广，对待客观事物能综合认识，还具备分析能力，发表自己的见解，当遇到危险的时候不会被击垮。一个有见识的女孩，能够预测未来，看透事物的本质，掌控自己的命运。富养女是让女孩有见识，有更高的品性修养，在纷乱的世界中保持独立。

李湘富养女儿王诗龄备受争议，被扣上了"炫富"的帽子。

现在，王诗龄已经上小学了，富养的成果有目共睹。无论王诗龄在哪，都有李湘的陪伴，这就是"富养"的最基本元素。

李湘不仅对女儿的穿衣打扮非常注重，对女儿的才艺培养也同样非常重视，并聘请特级教师教导女儿。

王诗龄的"富养"是享受高品质的生活，物质是一个方面，学识是另一方面。

上小学的王诗龄着装的风格明显改变了，还学会了插画。王诗龄很听妈妈的话，也很懂事。

王诗龄过生日了，爷爷赠送了礼物，是王诗龄的画像。王诗龄每年生日都会收到爷爷赠送的画像，记录了王诗龄的成长历程。

王诗龄也是很有绘画天赋的，绘画作品生动、逼真。

现在的王诗龄不仅活泼可爱，而且非常有自信。

父母为孩子创造良好的环境，还要注重培养孩子的品质修养。李湘在富养女的过程中，更为尊重女儿的兴趣，只要是女儿感兴趣的事情，就会大胆尝试。父母与女儿平等相处，相互尊重，对孩子的成长是非常有好处的。

赵薇在富养女方面与李湘有所不同，但是对于孩子的品性修养同样非常重视。

赵薇并不重视女儿小四月外在的华丽着装，而是将教育重心落到对女儿才艺的培养上，诸如舞蹈、绘画等等。

赵薇工作很忙，特别是在女儿5岁之前，与女儿的相处时间有限，但赵薇为女儿营造了平等的空间，对女儿的不当行为没有说教，也不会过多干预。

小四月本来就是个独立的孩子，在1岁多的时候，因为跑得比较急，摔倒了，可她没有哭，也没有告诉大人们，直到大人们看到孩子额头上鼓起了包，才问孩子是怎么回事。

通过这件事情，赵薇就发现女儿喜欢自由，也愿意独立处理问题。于是，只要女儿想做，就让她去做，而且鼓励她坚持下去。女儿想做家务，赵薇就会让她去做，让女儿在体验生活的过程中成长。

赵薇带着女儿走了很多地方，让女儿扩展视野，让她知道自己不是独一无二的，世界很大，所以要对自己准确定位。

李湘与赵薇对女儿都是富养，李湘看似对女儿娇养，事实上是尽量给女儿创造优越的条件，提供给女儿优良的生活品质，对女儿的气质进行塑造。李湘对女儿的教育没有施加压力，不希望强迫女儿做自己不喜欢的事情，给女儿足够的空间，让女儿有一个快乐的童年，使她的心理更加健康。

富养女不仅是给女孩花钱买更多更好的东西，更是注重培养女孩的文化修养，让女孩更有内涵。

富养女孩，主要是从小要培养她的气质，开阔她的视野，增加她的阅世能力，扩展她的见识。

富养的女孩见识广，独立而有智慧。娇养的女孩不同，视野不够宽阔，更为注重自己而忽视别人的存在，获得的同时不懂得回馈。

富养女孩，更为注重培养女孩的品质，让女孩善解人意，在生活中可以不依靠外人。在富养中，就要对孩子的自立精神进行培养，让女儿自力更生，用勤劳的双手获得自己所需要的，避免女儿萌生不劳而获的思想。

注重培养女儿的自理能力，只要女儿有能力，就让她独立操作，提高女儿的创新意识，对促进大脑发育非常有帮助。

富养女的过程中，培养女孩的情商非常重要。情商的培养要渗入到生活中，让女孩具有很强的自我行为控制能力，性格随和而有耐心，对人友善，在集体环境中做到和睦相处。

培养女孩的财商也非常重要，这点容易被家长忽视。在现代的经济社会中，需要女孩具备整理财务的能力，这也是女孩必备的生存能力。赚钱很重要，花钱更重要。赚钱是本事，花钱就是科学。让女儿适当地参与到家庭的财务管理工作中，让女孩掌握管理财务的方法。有条件的家长还要培养女儿的投资理念。家长与女儿共同商量，让女儿做出投资决定。对于决定的不妥之处，家长可用委婉的话语进行指导，让女儿自己纠正财务方面的问题。当女儿的财务意识建立起来，花钱的时候就能自主控制，避免资金浪费。

富养不等于物质满足

多数家长希望用富养的方式让女儿获得幸福，将来成长为人才。女孩的生活和学习一直是家长所关注的，但孩子依然感受不到爱，觉得在家长的压力下被孤立了，甚至认为自己成为了家长们的众矢之的。

家长们对女儿的态度非常不理解，女儿享受着丰厚的物质条件，却依然无法满足她的需求。家长对女儿尽心尽力，女儿依然不满足。

其实，抚养重在精神食粮的给养，可多数的家长更为注重女儿物质上的富养，让"富养"偏离了初衷，走上了歧途。当有一天女儿的学习成绩让家长失望的时候，家长感到心里不平衡，心中的愤怒无法抑制的时候，就对女儿大声说："我让你吃穿不愁，不指望你的报答，但你要好好学习，不要让我失望！"

这样的训斥只能泄愤，不能起到丝毫的教育作用。女儿往往首先是吃惊，之后是委屈。当家长依然没有停止发泄的时候，女儿就会流露出无奈的表情，漠视家长的言辞。女儿不理解，家长养女儿就要将最好的给予女儿，难道这有错误吗？

当然女儿没有错，错在家长给予了女儿物质的满足，却没有考虑到女儿的精神需求。精神上满足女儿的需求，不仅能促进她的成长，还能避免女儿走歪路，即便长大后经济上不是很好，也不会为了钱出卖自己的灵魂。

富养在于养心，让女儿有一颗富足的心，在是非面前能够辨别，获得的时候懂得感恩，能够守住自己的尊严，更加爱惜自己。小有成就的时候不会自负，失败的时候也不会气馁，用平常心对待每一件事情。

孩子上大学了，消费是个热门话题。大学生需要消费，却没有固定收入，需要家人的支持。

浙江义乌的一位母亲提出每个月给孩子1200元伙食费，其他的费用，诸如买衣服或者充话费，母亲会另外给。却被孩子反问"是不是亲生的"。

这名女孩考上了杭州某大学，生活费成为重点考虑的问题。母亲说，女儿平时的学习一般，高考没有发挥好，但不管怎样，考上大学了也是非常高兴的。

现在考上大学的孩子买手机、买电脑似乎已经成了一种潮流，就怕在大学校园中显得寒酸。

这个女孩也是一样，要求母亲买手机和电脑，同时也提出了生活费的问题。母亲说，自己并不知道别家孩子的生活费是多少钱，当时预估一下，1200元一个月，女儿吃饭应该是够了。

当女儿听到1200元这个数字的时候，非常不高兴，不假思索地质问母亲："我是不是你亲生的，1200元是要饿死我吗？我的同学每个月的生活费是这个数的好几倍呢。"

母亲当时就愣住了，尴尬无比。

女孩的消费意识令人担忧，不在于钱的数额上，而是她对于消费所持有的态度。无论每个月的伙食费多少钱，只要承担得起就无可厚非。如果经济承受能力有限，却一定要高消费，就会给家庭造成负担。

大学生已经是成年人了，家长要认识到这一点。大学生缺少经济能力，家长应该给予支持，但家长要注意培养女儿的责任感。女儿长大了，但三观还没有完全形成，这正是培养三观的时候，要引导女儿不要为了一点可怜的虚荣心给家庭造成经济压力。

将一个呱呱落地的婴儿培养成为大学生，家长的付出是不能简单地用金钱衡量的。但是，家长在付出的同时，也会发现，长大成人的女儿并没有预期的那样优秀，甚至与自己之间矛盾不断。家长也许会很伤心，但更需要对这样的结果进行反思。

富养女，父母不是富甲一方，也要把所有的一切都无偿地送给女儿。父母用这种方式表达自己对女儿的爱，女儿呢，不觉得这是父母的好，而是父母的义务。父母养育儿女，把钱给女儿花是应该的。女儿享受着优越的生活条件，也占有最好的教育资源。当父母望女成凤，盼望着女儿有出息时，估计千算万算，也没有算到女儿被自己养成了"白眼狼"。

中国多数家庭是普普通通的，父母省吃俭用养孩子，孩子不是"富二代"，却有着一颗"富二代"的心，他们没有考虑父母的辛苦，也没有想过该如何报答父母的付出，而是需求更多，欲望就好像是无底洞一样，永远也填不满。虚荣无度的女孩被塑造出来，私心很重，只想着自己的利益。

18岁已经算是成人了，孩子在经济上和生活上已经没有权利依赖于父母了，但现实是，读大学就没有时间工作，勤工俭学可以获得收入，但那是有限的。孩子大学期间还需要家长的经济支持。

为什么富养女呢？如果女孩子钱不够花，就容易受骗、变坏。所以，女孩要什么，父母都会尽量满足。当母亲提出月伙食费1200元的时候，一定是权衡了孩子在饮食方面一天消费多钱，大概算下来是40元，一个月1200元就够了。另一方面，母亲也许只有提供1200元的能力。女儿要体谅母亲才对，对这1200元钱合理支配，即便杭州的消费水平比较高，仅仅是日常的吃饭，月消费这些钱应该也是够用了。

从家长的角度而言，女儿已经是大学生了，智商不会很低，且具有一定的明辨是非的能力，怎么能为了满足欲望就变坏呢？

女孩普遍细心，在必要的消费中还会留出额外的钱，用于购买化妆品、小饰品以及喜欢的衣服等等。自己留出一点可以自由支配的钱，可以让生活更加丰富多彩。用追求物质生活的方法满足自己的精神世界，并不会让自己的生存环境升华，而是逐渐产生负罪感。不是靠自己的能力创造的，即便看起来奢华，也是一种假象。

富养女，物质上的富，要视经济能力而定。经济状况良好的家庭，有能力给女孩更多的物质财富，否则，就要量入为出，父母也要量力而行，让女儿知道自己的获得是来之不易的，使用的时候要懂得珍惜。

富养不是富人家的专利，穷人家也可以富养。物质上，家长要力所能及地满足女儿，更多的是从精神上给女儿支持，培养女儿的兴趣，欣赏女儿的才能，让女儿认同自己，提升自尊心，在生活中更有自信。

富养，让女孩精神富足

如果一个女孩享受着富足的生活，却精神匮乏，其所释放的魅力很快就会消失。这种富足是庸俗的。对于这样的女孩，表象的光鲜是用于炫耀的，没有内涵的炫耀必然缺少气质。炫耀的女孩是为了得到别人的关注，让自己在人群中成为焦点，用这种方式引人注意，事实上是内心缺乏安全感的表现。用炫耀的方式体现自己的价值，就必然缺乏持久性，就好像是充了气的皮球一样，轻轻一戳就泄气了。

女孩的气质是由内而外散发出来的，不会故意在人前炫耀。这种气质源于自信，所接受的教育是最重要的资本。她们有宽广的视野，有宽容的内心，有宽阔的胸怀，不会因小小的成就而沾沾自喜，也不会因一时挫折而一蹶不振。女孩有这样的格局品质才是真正的富足。

2004年12月26日，10岁英国小姑娘蒂莉·史密斯与家人在泰国普吉岛的麦克奥沙滩上度假。当小姑娘在海滩上玩耍的时候，发现海面上有水泡冒出来，而且海水流动的速度明显加快了。蒂莉·史密斯注意到了海水的变化，觉得很奇怪。突然，她想起在学校学过的地理知识，关于海啸发生前的情况记忆深刻。她判断，这种现象一定是海啸发生的前兆。

蒂莉·史密斯想到这些，再也没有玩的心情了，急忙跑到妈妈身边，告诉妈妈：海啸马上就要来了，要快点离开这里。妈妈看着一脸惊恐的女儿，对她说出的话感到很吃惊，问："什么？是海啸？你是怎么知道的？"

蒂莉·史密斯告诉妈妈，她在地理课上学到的知识，看到海面上突然有泡泡冒出来，而且海浪流速加快了，就要注意，这是海啸要发生了。蒂莉·史密斯说着，不断地催促妈妈离开这里。

虽然妈妈有些半信半疑，但是女儿的话还是要听的，因为在海滩上还有很多人，没有发生海啸当然好，真的有海啸发生了，可是人命关天的。于是，妈妈尽快与海滩的管理人员联系，说明了情况，请求将海滩上度假的人快速疏散。

海滩管理人员听到这个小女孩的陈述之后，就立即行动起来，有组织地疏散游客，让他们到安全的地带。蒂莉·史密斯和妈妈也参与到疏散队伍中，解释疏散的原因。一些游客不愿意离开海滩，他们不理解，一个小女孩的话怎么可以轻信呢。蒂莉·史密斯和妈妈给这些人做工作，终于将这些对海滩恋恋不舍的人劝走了。

当时，这个海滩上有几百名游客，全部离开了危险地带。这些人离开海滩仅仅几分钟的时间，巨大的海浪铺天盖地一般向海滩袭来，将整个海岸吞噬了。躲在安全地带的人们看着海啸，都心有余悸。如果没有这个小女孩的机敏，如果当是没有及时离开，现在的自己已经被卷入大海深处了。

蒂莉·史密斯是个非常普通的小姑娘。在学校的地理科学兴趣小组的学习中，蒂莉·史密斯学习了有关海啸方面的知识。她虽然在海滩上玩，但并没有忽视海水的变化。当她看到海面的变化与自己所学的海啸发生前的迹象非常相似的时候，就提高了警惕。上课的时候老师还讲过，当地震引发海啸，发展的速度是非常快的，海水逐渐上涨，就好像是快速涨潮一样，到海啸袭来，只有短短的十分钟时间。果不其然，从蒂莉·史密斯发现海水冒泡泡到所有的人离开海滩，只有几分钟的时间，甚至有的人刚刚到达安全地带，海浪就已经将海滩吞没了。

小姑娘说的话是对的，可怕的海啸真的来了，所有的这些人都应当感到庆幸，在泰国度假遭遇了海啸，又因为一个10岁小姑娘的预先示警，争取了转移的时间，逃过了一劫。

这一次海啸就是震惊世界的印度洋海啸，由于海底地震造成，波及6个时区。海啸发生的时候正是圣诞节，人们聚集在旅游区，游客是这次海啸灾难的主要受害者。海啸席卷了印度洋沿岸的很多地区，很多在海边工作的人和度假的游客都被无情的海浪卷到了海底。这次海啸伤亡惨重，是因为很多人缺乏对海啸的认识，对海啸更是没有预知能力。

蒂莉·史密斯用自己掌握的知识挽救了自己，也挽救了海滩上许多人的生命。

普吉岛海岸遭遇海啸，这片海滩是唯一没有因海啸造成伤亡的地点。10岁的蒂莉·史密斯因为掌握的知识而创造了奇迹。

蒂莉·史密斯的家境是否富裕我们不得而知，但可以确定这是个富养的女孩。父母带着她出国旅行不仅是为了散心，更是为了长见识，恰恰是在旅游的时候，蒂莉·史密斯所掌握的知识发挥了价值。

到海边旅行是比较危险的。当看到大海的壮美的时候，家长一定要让孩子懂得"水火无情"的道理，对海水要有敬畏之心，多学习自救的知识，保证自身的安全。也许看到海水变化的不止是蒂莉·史密斯，之所以这种变化能够引起她的注意，并且想到了海啸，是因为她掌握了海啸方面的知识，做到了"未雨绸缪"。

后来，蒂莉·史密斯被法国一家媒体评为"年度儿童"，英国的媒体将其誉为"沙滩天使"。

海啸一周年纪念日时，蒂莉·史密斯与父母来到泰国普吉岛参加印度洋海啸周年纪念活动。蒂莉·史密斯说，当处于灾难当中，如果对有关灾难的知识有所了解是非常有用的。

富养，目的是让孩子更好地生存下去。女孩的富养，需要培养其独立能力，在关键时刻能够采用有效的应对方法，将受伤害的程度降到最低。人生的路途中会面临各种考验，富养的女孩知识丰富，可以用知识创造奇迹。生活的摧残是对人的历练。女孩在困难面前，也许感到迷茫，也许不断地抱怨。家长就要让心浮气躁的女儿将心态放平，懂得磨难面前要淡定才能思考，要从容才能度过难关。

富养女孩，让女孩享受到物质生活的同时，也要学习精神的富裕。女孩的阅世能力增强，思想更加独立，才有能力明智地处理各种问题。

适当吃苦也是富养

女孩是宝，需要富养，让她拥有美，具有较高的审美水平，抵御住各种诱惑，才有能力保护自己。

我曾打趣地说："现在的一些女孩是'象牙塔'里长大的。"在优越的环境中成长，不知道外面世界的复杂。缺少见识的女孩就缺少判断力，恐怕一块蛋糕就能哄走。对好与坏没有明确的区分标准，没有自己的思想，缺乏主见，这种"富养"的孩子不具备环境适应能力，生存是不是令人担忧？

法国思想家卢梭曾经说过：人们只想到怎样保护他们的孩子，这是不够的。应该教会孩子怎样保护自己，教他经受得住命运的打击，教他不要把奢华和贫困放在眼里，教他必要时在冰岛的雪地里或者马耳他岛灼热的岩石上也能生存。

孩子是父母的希望，有多少家长为了孩子更好地成长，不舍得让孩子受一点委屈。这些家长也许没有想到，孩子没有适应不良环境的能力，就很难形成独立的人格，且缺少意志力。

俄国著名作家屠格涅夫对孩子的吃苦教育表达了自己的看法：你想成为幸福的人吗？那么首先要学会吃苦。能吃苦的人，一切的不幸都可以忍受，天下没有跳不出的困境。

幸福不是上天的恩赐，有付出才能争取到。让孩子适当地吃点苦，也是为孩子将来的幸福创造条件。

王思路被冠以"千手观音"的美称，成为众多中学生学习的典范。

探寻王思路的成才经历，就能体会到，这个品学兼优的女孩还是没少吃"苦"的。

1岁的小思路面对青菜总是摇头，吃到嘴里也会吐出来。妈妈认为，孩子要均衡营养就不能偏食，青菜的营养丰富，就更应该多吃。给1岁的孩子讲道理是不会有效果的，于是，小思路吐出来，妈妈就继续喂她吃青菜，一次又一次，直到小思路咽下去。正是在吃的方面妈妈没有对小思路听之任之，小思路也就逐渐地不挑食了。

现在有很多家长对"富养"没有正确理解，只要孩子需要，就力所能及地给孩子最好的。王思路的妈妈没有这么做，而是教育孩子勤俭节约，不要在吃上有过多的讲究，饿不着就行。王思路的午餐在学校吃，一个月的生活费只有60元。王思路对花钱十分用心，每个月还可以节省一点钱存在自己的小金库中。

家长带着孩子旅游是常有的事情，这是为了让孩子开拓视野，更有见识。但旅游的意义还不仅如此，这也是给孩子锻炼意志的机会，让孩子掌握求生的技能。

王思路3岁的时候，父母带她到山里徒步旅行。山路的难走是小思路没有经历过的。没走多远，小思路就让父母抱着她走。父母见小思路累了，就休息一会儿，但坚决不抱她。就这样走了一整天的山路，小思路一边看风景一边走着，玩性大发的时候甚至忘记了劳累，走起来兴致勃勃的。上山是有氧运动，是非常好的健身方法。虽然王思路吃了点苦，但身体上和心理上都得到了锻炼。

现在的孩子喜欢喝各种饮料，王思路也是一样。可是，妈妈不允许她喝饮料，用白开水取而代之。小思路知道，即便提出喝饮料的要求，妈妈也是不会答应的，心想："白开水加点糖不算过分吧。"结果还是被妈妈决绝了。小思路满心的委屈，流下了眼泪。妈妈说：习惯于喝白开水了，无论是白开水还是饮料都能喝；习惯于喝饮料则不同，面对白开水就难以下咽了。王思路养成了喝白开水的习惯，外出活动的时候，都是带着一壶白开水。同学们看到王思路还在"贫困线"上挣扎着，都表示同情。王思路却不以为然，美滋滋地喝着白开水，还露出甜甜的笑容。

现在有多少家长对女儿百般关怀，全方位照顾，满足各种要求，怕女儿被金钱所诱惑，被一点小小的恩惠骗走。

父母不能照顾女儿一辈子，况且父母的经济能力也是有限的。女儿长大了就需要离开父母独立生活，当经济拮据的时候，女孩没有经历过"苦"，就不知道如何度过这个难关，此时父母还能做什么呢？况且，欲望是不断膨胀的，随着年龄的增长，父母即便倾尽所有，恐怕也难以满足孩子的需求了。

真正意义的富养孩子，不是在"象牙塔"里呵护，也不是在"蜜罐"里浸泡，而是让他们接触人生的风风雨雨，适当吃苦才能够懂得人生的不易，懂得珍惜得来的一切。

孩子做事情缺乏持久性，三分热度后就抱怨不停，一个有内涵的女孩不会是这样的。独立的思维，持久的耐力，认真的态度，都是一种教养，是经历过"苦"而获得的资本。

古语有云：仁义礼善之于人也，辟之若货财粟米之于家也。

父母送给女儿的财富不止于物质上的满足，更要扩展孩子的视野，提高孩子的认知力，这是任何物质都不能取代的。

如果家庭条件比较好，父母不妨让孩子多出去走走，看看外面的世界，见多识广，增强辨别是非的能力。条件有限的家庭，就让孩子多阅读，透过书本了解外面的世界，从借鉴别人的思想到自主思考，阅世能力必然提升。所谓"读书久识人生苦",就是这个道理。

每个人都是在坎坷中度过人生,苦尽才能甘来。

父母要让女儿知道人生会承受很多苦,读书很苦,却可以改变命运;失败很苦,却是人生常态;被批评很苦,但能够激励成长;分离很苦,但却必须要经历。不同的人有不同的经历,每经历一次苦,人生就会出现一次飞跃。"吃苦"不是"吃亏",而是积累财富,积累获得幸福的资本。

家是孩子人生的港湾,这里有父母的庇护,孩子就会产生安全感。让孩子在家这个和谐的环境中吃点苦,可以避免孩子滋生享乐之心。比如,女儿过生日要买高价的蛋糕,家长就要慎重处理。如果直接用"不能买"来拒绝,女儿的心思就会变得谨小慎微,以后不敢表达心里所想了。家长可以用讲故事的方式间接地告诉女儿,要获得优越感不必如此,攀比只能满足一时的虚荣。家长也要以身作则,在日常的家庭活动中控制攀比心,给女儿潜移默化的教育。

一些家长对女儿的一切大包大揽,这种溺爱会让孩子不相信自己的能力,孩子没有参与意识,即便是力所能及的事情也不愿意做。缺乏自主意识的女孩容易人云亦云,更没有勇气闯荡世界。女儿想要获得更好的物质生活吗?没有问题,让她自己努力实现,努力的过程可能会吃很多苦,让她自己承受。只要目标明确,就会坚持下去。家长要让女儿知道,自己在努力中也许会走弯路,但这并不是浪费时间,而是更多的积累,这就是人生最大的财富。

开阔眼界决定孩子的视野

培养孩子是父母的责任。女儿在成长过程中，看到为经济基础努力拼搏的父母，知道父母的钱来之不易，也会效仿父母的模样。虽然两代人的思想观念存在差异，但是品质的香火是可以代代传承的。

李亚鹏在鲁豫的访谈节目中谈到了一个无法回避的问题，就是与王菲的婚姻。李亚鹏认为，自己与王菲的婚姻是失败的，没有给女儿完整的家庭。但是，大家都看到了，李嫣的教育并没有受到父母离婚的影响。

作为王菲和李亚鹏的女儿，李嫣从出生起就备受关注。这个孩子患有先天性唇腭裂，李亚鹏并没有回避，而是给女儿无尽的爱，让女儿快乐地成长。

其实在王菲怀孕期间，就已经知道这个小生命是带有缺陷的，但她觉得这不是个问题，自己的孩子是很美的。李亚鹏表示，印记无法消失，面对各种目标，就要微笑面对。

家长的心态对女儿产生了影响。李嫣健康地成长着，这个生来就带有缺陷的小女孩并没有觉得自己与众不同，走在T台上意气风发，由内而外透出的美让她充满了自信。

王菲对女儿的教育有自己的观点，她主张女儿婴幼儿时期需要保护，之后就可以独立了，让她做自己喜欢的事情。

李亚鹏带着李嫣到处旅行，李嫣从1岁开始就跟着爸爸爬山，几乎每个月都要出门旅行。

旅行中会遇到各种困难，只要李嫣有能力克服的，李亚鹏就不会提供支援，让她自己想办法解决。

一年元旦，雪下得很大，白雪覆盖着大地，李嫣一脚踩下去，就没过了膝盖，需要费好大的劲儿才能拔出来。地势低洼的地带，李嫣的大半个身子就陷进去了。尽管李嫣前行非常吃力，李亚鹏也没有流露出心疼的表情。他就是要让女儿独立前行，到达目的地。

李亚鹏对女儿是非常疼爱的，但并不影响他对女儿培养，他要让女儿懂得做事情持之以恒的道理，要达到目的，就要坚持下去。

李亚鹏对李嫣的训练是很有成就的，李嫣5岁的时候，就可以在不用搀扶的情况下爬山了，海拔2000米的高山，李嫣也可以征服，累了就休息一下，然后继续攀登。

李嫣在父母的陪伴下走世界，去过很多地方。李嫣成长了，也更有见识。李嫣的视野开阔了，对于生活也有了自己的态度。这个态度是成长中积淀而成的，爬山、徒步，克服一个个困难，李嫣的思想逐渐独立了。

如果女孩的视野不够开阔会怎样？鲁迅在《阿Q正传》中有这样的一句话：用三尺三寸宽的木板做成的凳子，未庄人叫"长凳"，他也叫"长凳"，城里人却叫"条凳"，他想：这是错的，可笑！油煎大头鱼，未庄都加上半寸长的葱叶，城里却加上切细的葱丝，他想：这也是错的，可笑！然而未庄人真是不见世面的可笑的乡下人呵，他们没有见过城里的煎鱼！

"狭隘"被生动地描述出来。

没有良好的物质条件并不会影响富养女。带着女儿出去走走，看看外面的世界，看看各个地区的人是如何生存的。见过世面的孩子也许衣着朴实，也许坐着巴士到处走，却能够入乡随俗，融入到风土人情中。

物质上很穷，精神上富足，这种教养是自我养成的，理解万事万物的好，用平和的心态去接受。

将富养停留在物质层面，将最好的东西都给了女儿，是对富养的曲解。女儿获得了，没有付出，逐渐地就会形成一种观念：我应该得到世界上所有好的东西。

世界很大，让女儿走出去看看，让她知道努力的价值。旅行的过程中，可以让女儿体验异域风情，深入到不同的人文环境中。经常旅行能够见多识广，视野就会开阔，心胸也更为宽广。

见世面不一定要旅行，还有很多的方法，读书就是一种很好的选择。女儿汲取知识，思路就会开阔，当遇到挫折的时候，读书可以找到解决的方法。特别是新上架的好书，对孩子非常有帮助。女儿经常读书，就会更加包容，却又持有自己的态度，做事泾渭分明。

带着女儿参加公益活动也是比较好的，这并不会浪费女儿的学习时间，让女儿走到社会中学习，从实践中获得知识，有助于培养女儿的爱心。有爱心的人可以认知自我，幸福感更强。

5

Chapter

第 5 章

呵护，自尊自信

呵护是爱的表达方式。对女孩的呵护，是让她安全健康地成长，也更有尊严，对未来充满自信。有了家长的呵护，女孩就有了心理依靠；有了老师的呵护，女孩在学习上得到了鼓励。悉心的呵护让女儿勤奋努力、积极向上，但一些人对"呵护"没有正确理解，将呵护变成了溺爱，让女孩变得自私；也有些人认为呵护是娇惯孩子，严厉一些更好，让女孩在被管教中瑟瑟发抖。

我认识一位家长，女儿淘气的时候，无论手里面拿的是什么，都无所顾忌地挥舞在孩子身上。我曾经与这个女孩交流过，问："你妈妈脾气不太好，以后要乖一些，被打了，多疼呀。"女孩说："这都不算什么，我都习惯了。"当听到这句话的时候，我的心猛然抖了一下。"都习惯了"，多可怕的"习惯"，家长打孩子是一种惩罚，特别是女孩，惩罚的时候还要考虑到生理特点。我不反对适当地惩罚孩子，但是惩罚要适度，否则就会适得其反。用呵护的方法教育孩子，效果会更好一些。

治一治女孩的"泪眼"

女孩爱哭，或许是脆弱，用哭的方法来排解自己的烦恼；或许是敏感，哭泣可以让自己的情感宣泄出去；或许是有着丰富的想象力，通过哭泣抒发。女孩的哭能很自然地被接受，梨花带雨也是一道美丽的风景。女孩爱哭不是丢人的事情，可是随着女孩的长大，依然用泪水表达情感，就会让人觉得女孩没有长大。

女孩如温室里的花朵一样，在呵护中成长，困难总是在别人的帮助下解决，感觉不到生活中的不如意。随着女孩的成长，就要独自承担一些责任，由于心理承受能力弱，往往会在自己无法控制的时候，委屈地流下眼泪。

每个人内心压抑的时候，都要找到一个合适的宣泄方式。有的女孩遇事习惯于自己承受，当承受到极限的时候，就会因无助而感到痛苦，哭泣往往成为治疗痛苦的良方。

有人说，爱哭也是有益处的，善于哭泣可以减低情绪的强度，但是，哭泣的时间过长，对身体健康并没有好处。哭泣可以让自己的不良情绪宣泄出来，但并不能解决实际问题。女孩会慢慢长大，人生路上的各种难题都要自己面对，即便解决不了，也要学会坚强。一件又一件事情接连发生，曾经无法承受的痛苦就容易接受了，逐渐地，就能轻松应对。痛苦袭来，微笑让自己的心变得轻松，智慧让自己从艰难的沼泽中走出来。

明悦是很乖巧的孩子，可是非常爱哭，一点点微不足道的事情也会让她的眼泪流下来。即便父母告诉她事情做错也没有关系，没必要追求完美，可无论是讲多少道理，女儿就是哭。既然哄的方法不奏效，就用骂的方法吧，爸爸不耐烦的时候就大声说她几句，这下好了，哭声更大了，眼泪流得更多了。爸爸、妈妈都束手无策，于是，就决定采用"冷处理"的方法。

"明悦，吃早餐了。"妈妈叫女儿。只听见女儿的房间中传出了哭声。妈妈推开女儿的房门一看，原来是一只拖鞋找不到了，明悦正坐在床上哭呢。妈妈在房间的地面上扫视一番，发现另一只拖鞋在不远处的桌子旁边。

妈妈没有理会明悦的哭泣，说："动作快一些，否则你就要迟到了。"

妈妈准备早餐的时候，明悦的哭声止住了，自己简单洗漱了一下开始吃饭。吃饭的时候很安静，明悦看看爸爸、妈妈，爸爸、妈妈都在吃饭，就好像什么事情都没有发生一样。

明悦每天晚上都要练习一个小时的钢琴，几乎每天练琴的时候都会有哭声相伴。明悦的父母依然采用冷处理的方法，除了指导女儿练琴之外，并不会为她的眼泪所动。女儿的眼泪随时都会流出来，记不住谱、弹错了、弹着弹着头上的小头饰掉下来了，都能让女儿哭出来。妈妈坐在一旁，唯一做的事情就是让她认真练琴，不能溜号。

女孩爱哭的习惯不是一天两天养成的。明悦的父母平常工作很忙，姥姥在家里照顾她，只要明悦哭，姥姥就一切听从她的指挥，爱哭的习惯就是这样养成的。

父母的做法则是，明悦哭的时候假装听不见，让她知道即便是哭也没有人"救驾"。当女儿不哭的时候，父母才会走到女儿面前，帮助她解决问题。当女儿遇到困难没有哭，而是直接找父母帮助解决的时候，父母都会对女儿的这种表现及时表扬。

就这样，明悦在遇到小困难的时候，自己就能够勇敢地面对了，而且也能自己积极想办法解决。

人生漫长，经历的事情很多，每一次经历都能令人增长智慧，处事的能力增强了，也就得到了更多人的认可。每一次经历都要反思，总结经验，接受教训。逐渐就能意识到，要维护自己的尊严，就要收起眼泪，用自己的坚强和智慧应对一切。

王海新是高中二年级的学生，她对自己的学习成绩要求很高，没有达到自己的标准，就要流泪。父母提醒她，"山外有山，人上有人"，要有竞争意识，失败了就更加努力一些，下一次考试争取提高成绩。王海新在班级里交朋友也是非常有选择性的，不愿意与成绩靠后的学生交往，觉得与他们在一起会耽误自己的学习。

一次开家长会的时候，班主任与王海新的妈妈针对孩子的表现进行了长谈，老师说："王海新的学习成绩很好，就是对自己要求太高。心理压力太大，就会影响自己的学习，很有可能因此导致学习成绩下滑。"

王海新的妈妈说："对她的这个态度我们已经关注了，也进行了开导，可是她就是不能改。她觉得，自己的学习成绩在前三名才够理想，否则就很难考上理想的大学。"

老师把王海新叫过来，对她说："当父母批评你的时候，是指出你的缺点，让你改正，希望你能进步。挫折是人生的经历，哭是没有用的，而是要坚强面对。将来你所面对的竞争对象不止是班级的同学，而是全国的学生。老师希望你能擦去眼泪，改掉自己身上的不良习惯，端正学习态度，一天比一天进步。"

女孩的视野有限，对自己的评价容易产生偏差，如果对别人的建议能够接受，及时纠正自己的不足，就能让自己逐步完善。

家长对女儿的不当之处，要提出批评，还要积极与老师沟通、配合，让女儿认识到哭泣也未必有"糖"吃，而是要调整自己的心态，靠自己的努力才能赢得好的结果。

教会女孩分享

女孩生长在优越的生活环境中，并不意味着被娇生惯养。良好的教育能让女儿更加懂事，讨人喜爱。在充满竞争的生存环境中，懂得分享也是有教养的表现。

培根曾经说过：如果把快乐告诉一个朋友，你将得到两个快乐；而如果你把忧愁向一个朋友倾吐，你将被分掉一半忧愁。

培根是在告诉我们分享能够带来快乐，在生活中懂得分享，烦恼就会少了很多，享受更多的快乐。

女儿会一点点地长大，作为家长，期待着孩子长大，又害怕女儿独立后远离自己。如何才能让女儿保持独立，且与父母保持亲密的关系呢？

涵涵在班级里的成绩很好，所以几乎每次都能获得妈妈奖励的零食。她很喜欢将这些零食拿到班级里，不是让同学们分享，而是要炫耀一下自己所获得的奖励，吃起来美滋滋的样子。同学们对她的零食并不感兴趣，只是觉得她这么做很自私，所以，大家都不喜欢接近她。

期末了，班级该选"三好学生"了，涵涵觉得自己学习成绩好，一定是稳操胜券了，可意外的是，自己竟然落榜了。涵涵很不理解，觉得同学们是对她有偏见，没有认识到自己的错误。

回到家里，涵涵很委屈地对妈妈说："这个班级的同学们非常不友好，我要转班。"

妈妈问："为什么呢？"

涵涵说："他们的嫉妒心太强，我的'三好学生'都没有评上。"

妈妈说："'三好学生'不仅需要学习好，而是多方面都要好。同学们不愿意投你的票，是因为你做的不够好，没有处理好与同学之间的关系。"

涵涵说："可是，同学们都不太愿意理我，我都不知道怎么样才能让他们开心。"

妈妈说："这个很简单呀，每次你考试成绩优异，妈妈都会奖励你一些零食，你可以与大家分享呀。"

分享也是一种快乐。涵涵因为不懂得分享，同学们都不喜欢她。特别是她还喜欢在同学面前炫耀，只会让更多的同学们远离她。涵涵不懂得分享，不仅失去了"选票"，更失去了友谊。在一个群体中如果没有友谊，就没有快乐。懂得分享是一种健康的心态，将自己获得的与大家分享，将温暖送给别人，也让自己更加光彩。

家长要培养女孩养成分享的习惯，就要在日常生活中注意引导，营造分享的氛围，让孩子有机会将东西与全家人分享。比如，家里都会为孩子准备零食，家长引导孩子将零食分给家里的所有人。得到零食的人都要给孩子以赞美，当孩子的分享行为得到鼓励，就会继续尝试，逐渐养成习惯。

家长让女孩分享的时候，应该指导孩子不要以利益为目的，时刻提醒女孩，分享是付出，不需要刻意要求回报，如果为了利益而分享，就是交换。分享的过程中缺少了真诚，不仅不会获得快乐，还会增添烦恼。

父母要懂得拒绝

女儿的要求不都是合理的，一些家长唯恐女儿不满意，只要女儿随便一提，家长就会满足，如果女儿不满意，还会产生内疚感。这样的家庭教育培养的孩子必然持有"拿来主义"的态度，只要自己开口，想得到的就能得到，要的东西也就越来越多。不仅让女儿养成惰性，还变得越来越贪婪。

作为家长，对孩子的教育决定了她的成长。家长的行为是对孩子潜移默化的教育方式。如果家长对女儿的要求一味地服从，女儿从家长身上没有学会拒绝，进入到社会中，对别人的要求也救不知道如何决绝。家长要让女儿知道，要东西需使用正确的方法，天下没有不劳而获的东西，而且要确保自己要的东西是有价值的。

邻家有个十岁的小女孩，父母不在家里的时候，就自己解决吃饭的问题。

放暑假了，小女孩自己在家里。中午经常到楼下的小超市买方便食品，如面包、方便面等等，有的时候也到附近的面食店买一些面食。

一次买面食的时候，我遇到了她。问："爸爸妈妈不在家，这是给自己买午餐吗？"

小女孩说："是的。"

我问："爸爸妈妈每天都给你一些零用钱，还是几天给你一次零用钱。"

小女孩说："这些钱都是我自己赚的。"

我有些诧异，就问："你是怎么赚钱的呢，是每年得到的压岁钱吗？"

小女孩说："我在家里劳动，爸爸妈妈就给我'开支'。饭后我刷碗，就能得到两元钱；自己洗衣服，能得到一元钱；现在白天在家打扫卫生，就能得到五元钱。"

我问："现在是假期，你每天都能赚不少零用钱吧？"

小女孩说："每天能赚七八元呢，如果房间收拾得非常干净，爸爸还能奖励我一元钱。我买的午餐就是自己用劳动换来的。"

小女儿说着，将自己买的午餐举起来给我看，一脸骄傲的表情。

我说："今天中午到我家吃饭吧。"

小女孩说："妈妈不让到别人家吃饭，也不让接受别人的礼物。"

这位家长对孩子的教育让我由衷地佩服。

一天在楼下遇到了小女孩的妈妈，说起了她女儿的事情。小女孩的妈妈说："现在的孩子都有一种优越感。为了让女儿明白'没有付出，就没有收获'的道理，只要女儿需要，我们经常会表示决绝，给她劳动的机会，让她在劳动中获得，这样可以培养女儿的劳动习惯，而且女儿不会认为父母的给予就是理所应当的。"

小女孩的妈妈说："过春节的时候，我们还能收到女儿送的红包呢！年夜饭之后，女儿会从一年存下来的零用钱中拿出一部分分给我们，虽然钱不多，只有几元钱，我们也是很欣慰的，没有把女儿培养成小财迷，懂得将劳动所得与大家共享。"

现在每逢春节，很多家庭的孩子就会获得一笔很大的"收入"，孩子变成了"暴发户"。孩子年龄还小，不知道如何支配这些钱，一些家长对孩子的这些钱代为保管，当孩子需要的时候，就从这些钱中支出。

这是教育孩子不可以乱花钱，却没有让孩子懂得劳动所得的道理，导致孩子在春节的时候就觉得收到长辈给的红包是理所应当的，没有收到就闹情绪。

一些家长干脆将压岁钱给孩子，让孩子自主支配。由于孩子年龄小，自制力不够，加之对消费没有明确的概念，花钱随心所欲，逐渐养成了乱花钱的习惯。

对孩子的要求，不要满口答应，也不可以轻易对孩子做出承诺，如果经过再三考虑和协商已经答应的事情，就要说到做到。让孩子认识到，自己的要求要得到满足是有条件的，不是轻而易举就能获得的。即便是与家长协商，也要付出智慧。

罗大佑的女儿5岁的时候，他已经63岁了。在女儿生日的这一天，罗大佑开车接女儿。女儿问爸爸："我的生日礼物呢？"

罗大佑说："我来接你就是最好的礼物了。"

罗大佑对女儿的要求是很严格的，树立了严父形象。他认为，父母自然是爱孩子的，但是对孩子不该溺爱，而是要理性地对待孩子的成长。如果孩子对"爱"上瘾，就会习惯于享受，要让她知道，人家没有义务给她任何的东西。

有很多家长对孩子的索取缺乏抗拒力。孩子具有好奇心，对没有见过的事物会产生新奇感，获得感就会产生。如果孩子想要东西，家长就轻易地满足，孩子的好奇心也就很快消失了。如果孩子不能轻易得到满足，一旦获得了反而会倍加珍惜。家长在满足孩子需求的时候，要判断孩子的需求是必要的，还是一时兴起，最好是给孩子"缓冲"的机会。家长延迟答应，让孩子有思考的时间，也许孩子就会放弃，这种做法对孩子的自控能力培养也是很有帮助的。

女儿向家长索取礼物的时候，家长不要让女儿觉得是在享受权利，而是向孩子讲明白，索取的东西是否有价值。

家长不想给女儿买，不要找任何借口，比如"家里穷，没有钱"等等，而是要让女儿知道哪些东西是不值得买的，哪些东西是必须买的，而且拥有很多的东西未必就能感到幸福。将女儿需要的东西用价值衡量，让女儿对钱和物品都有正确的认识，并用自己的劳动获得所需要的，做事情的时候就很有积极意识，女儿"自食其力"的观念就会逐渐树立起来。

拒绝女儿的要求，就要简单说明理由。比如，女儿打开冰箱要吃雪糕，妈妈可以告诉女儿，这些雪糕在冰箱里冻得太久了，不能吃的，现在正准备清理。即使女儿坚持要吃，而且哭哭啼啼，家长也不能妥协，让女儿懂得，即便是做出可怜的样子，家长也不会让步。

如果有必要，家长可以领着女儿出去逛逛超市，买一些健康营养的水果让孩子吃。

作为家长，要培养女儿用正确的方法买东西，而且要得到东西，就要付出劳动。

用肢体语言消除孩子的多疑

随着孩子的长大，对各种事物都有了自己的看法。女孩敏感，对曾经笃信不疑的家长也会持有不信任的态度。家长对女儿的变化也许不太适应，觉得女儿的变化太大了，怎么自己家人都不相信了呢？其实，这是女孩到了一个成长阶段，随着年龄的增长，掌握知识的增多，加之接触社会的机会多起来，就有了自己的思想。青春期的女孩就是如此，希望自己的观念被人认可，希望不再依赖于家长而独立起来。怀疑，就说明她在思考，对家长的说法做出判断，或者产生叛逆心理，有意识地与家长对抗。女孩的多疑，很多时候不是怀疑别人，而且怀疑自己，当面对事实而非的现象的时候，对自己的判断就会表现得纠结起来。此时如果家长讲大道理，女孩很有可能会反驳，而且说出的道理更多。这就是说，沟通方法不对，不能解决女儿的问题，反倒招致怀疑。

人与人之间不仅可以用声音交流，用语言沟通，还可以用肢体语言表达自己的思想。各种动作是无声的语言，让别人对自己的心境和情绪有所了解。

当孩子持有多疑态度的时候，家长与其用语言说服，莫不如用肢体语言安抚，让女孩感到温暖和理解，就会变得开朗起来，疑虑自然消除了。

女儿刚上高中，感觉压力很大。为了不让自己成绩落后，每天都努力学习，甚至学习到深夜都不愿意上床睡觉。期中考试，女儿的成绩很好，回家就蹦蹦跳跳地拿出考试卷给我看。

我说："考试胜利了，但是不能骄傲。"

女儿说："我会保持下去的。"

我说："那也不能让自己太累，学习要有方法。"

女儿说："我知道啦！"

女儿每天依然努力地学习。转眼期末考试到了，女儿似乎心事重重的样子。考试回来，坐在沙发上就落下眼泪，说："我已经很努力了，怎么考得这么不好，我怎么这么笨。"

看着女儿抽泣不止，我没有说什么，切了一块西瓜放在桌子上，抚摸着女儿的后背，帮她将一将头发。

女儿把头扭过来对着我，说："妈妈，是不是我很笨。"

我用纸巾帮她擦着眼泪，说："没关系，一次失利，还有下一次呢。高中学习环境与初中不同，你会逐渐适应的。"

"可是我的期中考试成绩很好。"女儿对自己的学习能力表示质疑了。

我说"刚进入高中有一个过渡阶段，期中考试主要还是考察你初中的学习状况。期中考试的成绩好，说明你的知识基础很好呀。有了好的基础，用适合自己的学习方法，高中一样可以获得好成绩的。"

女儿的情绪稳定了一些。我说："学习的时候要放松一些。虽然高中学习紧张，但不能将学习成绩看得太重。"

女儿说："可是，学习成绩不是验证学习好与坏的标准吗？"

我说："是标准，但不是唯一标准。学习的目的是获得知识和快乐。"说着，我轻轻拍拍女儿的头顶，接着说："学到了知识，感到心情愉快；在学校还可以与同学玩游戏，交一些朋友，这也是收获。当你能用学到的知识解决生活问题的时候，就会发现知识是如此的有用，就更加快乐。有快乐才会有健康，对不？

女儿很开心，拿起桌子上的西瓜吃了起来，似乎什么都没有发生一样，还给我讲了很多学校里有趣的故事。看到女儿不再伤心了，我的一颗心才放下来。

女孩读高中了，需要的是信心，让她摆正心态面对学习上的各种困难。当女儿遇到伤心事的时候，也许一个简单的拥抱、帮助她擦去眼泪，就能使她的心平静下来。当女儿质疑自己的能力的时候，家长不需要分析失败的原因，也不用讲各种道理，用肢体语言表达的效果更直接更好。

英国哲学家赫伯特·斯宾塞曾说过："拥抱、抚摸、牵手，也是教育的一部分。"

在对女孩的教育中，采用积极的肢体语言，将爱传递给女孩，让女孩感到自己被欣赏。家长用肢体语言表达鼓励，会让女孩更有自信心。

记得读大学的时候上外教课，发现美国教师的肢体语言很多。当时我的英语水平并不好，与外教交流的时候，很多是用肢体语言的。

用肢体语言表达意图是美国人的习惯。比如，父母亲孩子的脸颊、额头，这是电影里面常见的。

这位外教的小动作很多，同学们都很喜欢上他的课，他总是面带微笑，用眼睛与学生沟通，当学生表现非常好的时候，他也会来个大大的拥抱。那种鼓励可真是无法用语言表达的。

这位外教也很会察言观色，当他提出一个问题之后，眼睛扫视全班的学生，学生不敢正视教师的眼光，就说明没有底气回答问题。这位外教在中国多年，是个中国通，对学生目光的躲躲闪闪，也会报以礼貌的微笑，还走过来拍拍学生的肩膀。每当这时，班级的女同学通常都是报以不好意思的微笑。

简单的肢体语言，内涵丰富，却不难懂。

家长用肢体语言与女孩交流，要首先听女孩的语言表达，分享女孩的心情。很多时候，女孩需要的就是有个倾听者、理解者，而家长需要做的就是认真听，适当地拍拍女孩的后背表示安慰，女孩的心情就能舒缓许多。

当女孩说话的时候，要注意眼神的沟通。听着有声的语言，配合以肢体语言，也许仅仅是一个微笑，就是对女孩的鼓励，一个眼神伴随着轻微的点头，就是对女孩的理解。在恰当的时候运用肢体语言，效果胜过千言万语。

用倾听化解孩子的嫉妒

嫉妒是人性中存在的弱点。女孩的社交圈有限，遇到不服气的事情就暗中较劲、攀比。在一些人看来，女孩产生嫉妒心似乎是莫名其妙的，其实不然。嫉妒表现为叛逆，是对待生活所持有的态度。当女孩的自身条件不如人，而自己对这方面又非常重视的时候，嫉妒心就会油然而生。

嫉妒是很可怕的。在嫉妒心的驱使下，往往能够做出来很多意想不到的事情。女孩的嫉妒之所以匪夷所思，就是因为她把嫉妒心掩饰得非常好，维护着自己的外在形象，一旦遇到"催化剂"，嫉妒被激发起来，储存已久的能量爆发，就不是一般的体验了，不仅影响他人，自己的魅力和气质也毁于一旦，让自己活在嫉妒压抑之中。

为了让女孩快乐地成长，就要教会孩子敞开心扉，对生活持有豁达的态度。

在阿根廷的福尔摩沙省就曾经发生过因嫉妒导致的恶性事件。

一名叫朱莉娅·阿尔瓦雷斯的女孩刚刚15岁，她做梦也没想到，就是在这个花季，自己的容貌被毁了。当她在医院接受采访的时候还心有余悸，面对突如其来的攻击自己没有任何招架之力。

这个案件发起的原因就是伤人的两名女孩嫉妒朱莉娅·阿尔瓦雷斯的美貌，从伤人的手法可以确定她们的目的。

伤人的女孩称，朱莉娅·阿尔瓦雷斯侮辱过她们，她们这样做就是为了报复。朱莉娅·阿尔瓦雷斯的姐姐说，这两个女孩是嫉妒妹妹长得好看，曾经辱骂过妹妹。朱莉娅·阿尔瓦雷斯说，自己在受害的时候，这两个女孩曾经说过，要将她变成"鬼娃"，以后就不会有人说她长得好看了。

很明显，朱莉娅·阿尔瓦雷斯的不幸是嫉妒所导致的。

嫉妒之心每个人都有，由于嫉妒造成的伤害，不仅伤害了别人，也伤害了自己，给自己的成长留下了创伤。

女孩的心理是比较复杂的，当产生嫉妒心理的时候，就要通过各种方式消解自己的嫉妒之心。嫉妒是病态的，有嫉妒心理的女孩如果任由嫉妒伴随着自己成长，就很难保持心情舒畅，在与人的交往中也难以协调好相互之间的关系。

"世间本无事，庸人自扰之"，对于嫉妒心强的人而言，真是一点都不假。莫名的嫉妒给自己平添痛苦，让自己快乐不起来，也给周围的人带来烦恼。

大剧作家莎士比亚也说过："您要留心嫉妒啊，那是一个绿眼的妖魔！谁做了它的牺牲品，谁就要受它的玩弄。"

张丽在班级里的学习成绩突出，老师在鼓励其他学生的时候，习惯于将张丽作为典范。张丽的同班同学杨卓是班长，对张丽很不服气。

下课休息的时候，杨卓走到张丽面前说："你学习那么好，要不你当班长吧。"

张丽没有理他。

杨卓还在背后说老师偏向张丽，张丽才会学习成绩那么好的。

期中考试快到了，同学们进入到紧张的复习阶段，张丽有些发慌了，到处翻找着什么东西。同桌问她："是什么东西找不到了吗？"

张丽说："我的课堂笔记不见了，明明是放在书桌中的，怎么就没有了呢？"

同桌说："是不是带回家了，忘在家里了？"

张丽说："不会的，课堂笔记我都是放在教室的。"

结果，张丽的这次考试成绩下降了，她心里很难过。

老师问明原因，组织了一次班会，班会的主题就是"竞争、宽容、和谐"。

班会上，老师主要讲的就是学生的竞争意识，竞争是需要公平的，背后搞小动作的竞争是不道德的。竞争的同时还要懂得宽容，"宽容"是美德，是每一名学生都要具备的。在这个班集体中，所有的学生都有责任维护好和谐的环境，相互帮助，才能共同进步。

班会过后，老师宣布放学，让杨卓到教研室去一下。

老师对杨卓说："班级这么多的学生，评选你当班长，是对你的信任，你不仅学习成绩好，而且具有很强的组织能力。张丽学习成绩好，是因为她付出的努力要比别的同学多，而且学习的时候很专心，这些是大家需要学习的。你有很强的好胜心，但如果用不正当的手段伤害别人，你在同学中就失去了信任，在班级中也难以建立融洽的关系。"

杨卓的眼泪落下来，说："是我把张丽的笔记拿走的，明天我还给她，向她赔礼道歉。"

当家长发现女儿有嫉妒心的时候，如果严加指责，就容易伤害到女儿。家长最好是认真听女儿讲述，明了引发女儿嫉妒之心的来龙去脉。女孩对外界的评价具有很高的敏感度，发现自己有不如人处，就容易产生嫉妒。家长对此要有所了解，与女儿对事由进行分析，让女儿自己发现嫉妒的不妥之处，适时地帮助女儿调整心态，将孩子的嫉妒之心消除。

　　嫉妒心在很大程度上是由于自信不够造成的。消除女孩的嫉妒，家长以及老师都要注意关注女孩的优点，适当地表扬。女孩出现错误的时候，就要善意地指导，并予以鼓励，帮助女孩将自信心树立起来，与别人相处的时候更加开朗，各种不如人之处也能乐观以对。女孩自信满满，嫉妒心自然就消除了。

6
Chapter

第 6 章

情商，不卑不亢

美好的女孩要学会不卑不亢，这是一种平等的人生观。每个人都是独立存在于世界中的，是不可替代的，人格需要得到别人的尊重。

有这样一则故事，美国总统在散步的时候遇到一名小女孩。女孩看到总统之后，很有礼貌地站在那里，看起来非常可爱。美国总统走过去与小女孩打招呼，说："您好，我是美国总统。"小女孩说："您好，我是爱丽丝。"小女孩年龄很小，却没有因为站在面前的是高高大大的总统先生而怯懦，也没有讨好之意，而是与总统平等地打招呼，这是保留自己人格的态度。

女孩在为人处世中，要维护好自己的灵魂，让自己的内心敞开，同时还要收放有度。真诚待人很重要，过于谦卑，显得虚伪；过于傲慢，令人厌烦。尊重是相互的，给人尊重的同时，也能够获得尊重。

有明确的底线

每个人都有自己的选择，底线也有所不同。在社会环境中要按照社会规则行事，规则就是底线。女孩让自己出类拔萃，也要坚守自己的底线。做事要有原则、有定力，才能维护好自己的原则和底线，做人才会有尊严。

如何划分原则底线呢？对于有些人而言，人与人只要建立在某种关系基础上，就不存在界限，处事也没有边界感。很多矛盾也是因此产生的。我们都说"距离产生美"，这种美并不局限于容貌，还表现在心理层面上。做人做事要有明确的底线，就是对自己与别人之间关系的准确定位，要认识到无论是怎样的关系，中间的底线都是存在的。将人际关系建立在原则的基础上，将合作建立在条件的基础上，不委屈自己，也不迁就别人，不卑不亢，就能让自己活得更好。

《简·爱》的故事想必很多女孩并不陌生。简·爱虽然出身卑微，却维护着自己的尊严，最终赢得了爱情。

简·爱在桑菲尔德庄园当家庭教师，也就是在这里遇到了庄园主罗切斯特。简·爱的地位低下，但是她很单纯，也很率真，在罗切斯特的人际关系中，简·爱算是一股"清流"了。罗切斯特竟然爱上了这名家庭教师。

在简·爱看来，罗切斯特是个喜怒无常的家伙，每天不知道想些什么，讲话也表里不如一。但是，罗切斯特有一颗善良之心，由内而外散发的人格魅力让简·爱动心了。

简·爱与罗切斯特的社会地位相差很悬殊。当时英国的阶级观念根深蒂固，简·爱并没有退缩，而是冲破了阶级的束缚，将自己与罗切斯特之间的爱情建立在平等的基础上，两个人在心灵上契合。

简·爱是充满激情的女人，也是智慧的女人。她渴望爱情，当罗切斯特表达爱意的时候，并没有感到受宠若惊，而是持有平等相处的态度。简·爱的不卑不亢是令人敬佩的。

简·爱是个朴实的姑娘，即便是对罗切斯特充满爱意，也没有在爱情面前失去自我，而是将尊严放在了第一位。

不久，简·爱遭遇到一个很多女孩都可能遇到的难题，就是人生的选择。

罗切斯特要结婚了，新娘不是简·爱，而是英格拉姆小姐，可是罗切斯特希望简·爱能留在庄园。

对罗切斯特的要求，简·爱非常气愤，她说："我的心灵跟你一样丰富，我的心胸跟你一样充实！要是上帝赐予我一点姿色和充足的财富，我会使你同我现在一样难分难舍，我不是根据习俗、常规，甚至也不是血肉之躯同你说话，而是我的灵魂同你的灵魂在对话，就仿佛我们两人穿过坟墓，站在上帝脚下，彼此平等——本来就如此！"

简·爱是爱着罗切斯特的，但是，她并没有因为爱而失去了人生的方向，更没有丧失自己的选择。虽然社会地位卑微，但也不能让自己尊严扫地。简·爱不愿意面对罗切斯特与别的女人结婚，更不愿意依附于男人，她选择了离开。

简·爱具有独立平等的人格，她希望自己永远是自由的，不会被束缚，否则她会被压抑得喘不过气来。

圣·约翰是一名牧师，他要去印度开展传教士活动，希望简·爱以妻子的身份与自己同去。对圣·约翰的求婚，简·爱拒绝了，因为她与圣·约翰之间无法进行心灵的交流。简·爱有很强的平等观念，不愿意让自己自由的天性被压制，也正是因为如此，她在威慑面前、在同情面前、在劝诱面前都不会妥协。

简·爱所持有的爱情观是建立在心灵契合的基础上的。当听到真爱的呼唤的时候，简·爱义不容辞地回到了桑菲尔德庄园。她尽管身处异乡，爱却留在了这里。此时她看到的罗切斯特已经成为残疾人，但为了幸福，简·爱与罗切斯特结婚了。

简·爱是幸福的，幸福得难以用语言表达，甚至没有一丝疲倦。

女孩，做任何事情的时候都要有自己的底线，而且底线要明确。生活环境下，人际关系中，如果把握不住自己的底线，底线就会逐渐被消磨。一旦没有底线了，就身不由己，不知不觉中被别人控制，直到失去自我。

我的一个好朋友，大学期间靠勤工俭学资助一名同学。朋友对这名同学的照顾很周到，同学患病了不愿意告诉自己的家人，朋友负责照顾，并承担医药费。这期间朋友每天生活很拮据，省吃俭用，钱不够了就不得不向家里伸手要。

我曾经说过，帮助同学要力所能及，她患病了为什么不通知家长呢？为什么一定要让同学照顾并提供经济援助？

朋友说："她不愿意告诉家里，路途很远，还要承担路费。"

我无语了。

大学毕业了，朋友资助的同学该回家乡了，临走的时候没有说一句"感谢"，回家的火车票都是朋友给买的。

多年过去了，我和朋友谈起这位同学，她说："这名同学走了之后，再也没有联系过。"

帮助人不需要回报，但也要适可而止，这也是底线。一味提供帮助，就会让接受帮助的人产生惰性心理和依赖心理。

朋友帮助的这位同学就是如此。也许她确实经济困难，朋友可以勤工俭学，为什么她不能，而是坦然地伸手接受帮助。

我的这位朋友乐于助人，但提供帮助也要有选择性，提供合理的帮助才会有价值。心存善良也要有底线，不是所有的忙都可以帮的。有底线才能有尊严，底线明确才能赢得别人的好感。

女孩做事要有分寸，不卑不亢，明理得体。

有能力，更要学会坚持

杨澜说，中国的女性在历史上以自我牺牲为美德，今天的女性首先要有独立的人格，在身心方面照顾好自己。

女性独立，珍惜自己、尊重自己、照顾好自己，这也是一种责任感。一个有能力的女孩能够做回自己，关键在于其是否有勇气让自己有机会成为自己。

女孩不能总是依偎在父母的怀抱中，也不能永远在学校这个"象牙塔"中生存，终究是要走出家庭和学校，走入社会这个大集体。

刚刚走入社会的女孩感觉整个世界都是全新的，有些不适应，所以害怕；与自己想象不同，所以迷茫。

也许女孩是有能力的，但是能力停留在家庭中和学校里，应对社会上的事情，还要多听、多看、多学习。此时的女孩最需要做的，也是真正有能力做到的，就是要有一颗恒心。

记得吉林广播电台主持人钟晓曾经说过这样一句话，有一种人才是容易被忽视的，就是能坚持住的人。他可能成绩不是很优秀，业绩也不是很突出，做事也不是很聪明，但就是因为能够坚持，最终走上了成功的道路。一个人能够坚持，就是持有负责的态度，虽然能力有限，有着一份责任心，就能坚持下去。

有人说，整个世界上最可贵的是认真，因为认真可以让自己有所改变。其实，坚持也同样非常可贵，想想看，有多少人因为坚持而改变了自己的命运。坚持未必有目标，也未必看到了希望，坚持就是一种持久力，沿着一条道路走下去。因为坚持，才逐渐看到了希望，也更有动力。能力也是在坚持中获得的，让自己的路越走越好。

董明珠讲过她踩单车的事情。

一天，董明珠踩单车回家，看见对面有公交车过来。董明珠拼命地踩单车，当跑到车边的时候，单车一歪，自己就跟着单车倒了下来。董明珠马上从地上爬起来，身上的灰都没有抖一抖，将车扶起来就快速跑开了。虽然觉得自己倒在大街上挺没面子的，却没有因此而退缩，而是坚定信心，一定要将单车骑好，还要反思，为什么骑车会摔倒。

董明珠曾经表达了自己的观点，她不在意别人对自己的评价，保持初心，干自己坚持的事，追逐自己的梦想才是最重要的。

董明珠的成功，能力是不可或缺的元素。能力与经验有关，可以培养，要将能力发挥出来，坚持是必要的条件。想想看，如果董明珠遇到困难就退缩，即便是有能力，要成功恐怕也很难。这种坚持就是责任，不仅是对自己负责，也是对事业负责，对所有的员工负责，对所有的客户负责。

董明珠的这种坚持是值得女孩学习的。

爱因斯坦曾经说过，对一个人来说，所期望的不是别的，而仅仅是他能全力以赴和献身于一种美好事业。

乐观自信让自己更幸福

人生的意义在于什么？不在于是否实现目标，而在于走过人生的过程。每一天都是悄悄流过，不可复制，也不能重新再来，所以，规划人生的时候，最需要考虑的是快乐。一个快乐的人能乐观地看待一切事物，也更能让自己活得幸福。

泰戈尔说，天空中没有留下我的痕迹，但我已飞过。

用乐观的心态看待一切，相信现实是无法改变的，抱怨只能平添烦恼。只要努力奋斗了，无论是什么样的结果都要接受，而且相信自己继续努力，一定会有所收获。

桑兰曾经是中国体操队队员，1998年在纽约友好运动会上意外受伤，使她的人生发生了巨变。当时桑兰才17岁，在跳马比赛前的热身中，起跳的瞬间，由于受到干扰而动作变形，头朝地栽下来，造成颈椎骨折、胸部以下高位截瘫。桑兰的体操之路停止了。

对于一个职业体操运动员而言，体操就是她的生命。桑兰就这样走到了体操之路的尽头，有些不甘心，但她知道，自己不能站起来了。桑兰说："我对自己有信心，我永远不会放弃希望。"她没有如别人想象的那样伤心，而是乐观地接受了现实。

桑兰的主治医生说："桑兰表现得非常勇敢，她从未抱怨什么，对她我能找到表达的词就是'勇气'。"

现实就摆在眼前，桑兰无可奈何，只能接受，而且是带着微笑接受，因为她知道，世界上没有"如果"，当一切都发生了的时候，结果就摆在了面前。

桑兰接受康复训练，一年之后，手指可以弯曲成筒状的时候，就使用长方形的马克笔，握笔的姿势很奇怪。

桑兰有机会进入到北大读书，可是，妈妈不同意。她觉得女儿拖着带病的身体读书，太辛苦了。做通了妈妈的工作之后，桑兰来到了北大，在北大的一个宿舍中一住就是5年。每当桑兰累得要放弃读书的时候，就由衷地对自己说："这是北大，是真的，不是做梦啊，中国最高学府，你怎能不付出呢？！"

桑兰读书是很认真的，每一节课都不会落下，上课的时候态度积极，没有迟到的记录。桑兰来到北大是带着光环的，同学们起初都远离她，毕竟这是个名人。可桑兰有一个特点，爱笑，而且是发自内心的笑。桑兰主动与同学相处，同学的心理压力减轻了，也不再将桑兰拒之千里之外。

桑兰在北大的广电传媒系学习，当她还是一名学生的时候，就担任星空卫视的主持人了。此时，她就希望将来成为一名体育访谈类的节目主持人。

其实，桑兰最初希望自己当律师，在北大选专业的时候首选法律专业。白岩松以东方时空主持人的身份采访桑兰，谈到选专业的问题，桑兰说自己的愿望是将来能当一名律师。白岩松建议桑兰当主持人，还介绍了网络传播。桑兰接受了白岩松的建议，因为当时北大还没有网络传播这个专业，桑兰选择了新闻学专业，希望将来能成为一名优秀的主持人。

桑兰的笑是很有亲和力的，她认为这是做主持人的优势。

以桑兰的身体条件，在读书期间还要工作，每天都过得很辛苦，当然也是收获满满。高位截瘫会产生各种并发症，诸如肌肉萎缩、褥疮、骨质疏松、体位性低血压、关节活动度受限等等，也许是桑兰的坚强，这些并发症都远离了她。

桑兰每天除了自己看报纸、阅读、操作计算机之外，生活方面的事情也自己打理得井井有条。

2014年，桑兰当妈妈了。她相信自己能像正常人一样生活，结婚、生子，桑兰的愿望实现了。

桑兰因为爱笑，被称为"微笑天使"，其实桑兰并不喜欢这个称呼，不愿意让周围的人给自己投过来怜悯的目光，她不想成为一个没有价值的摆设。桑兰不愿意在人前展示自己，也不想独自在一个角落中无人问津、自生自灭，她相信，有自信心，就能坚持下去，微笑面对人生，生活就有希望。离开体操队，自己同样可以成为有用的人才，持有一颗积极向上的心，自强不息的信念，就会走上成功的道路。

桑兰的坚强和乐观并不是所有的女孩都能做到的，但至少要尊重自己。桑兰在人前总是面带微笑，这是自信的表现。她没有让自己局限在狭小的空间中，而是积极与外界接触，在学习和工作中让自己独立。与人交往，能让自己的生活更加充实，每天都心情愉快。人无完人，失败是必然的。多与乐观开朗的人交往，就会发现失败并不可怕，振作精神重新再来，只要用乐观的态度对待生活，就能深刻体会到，一次失败不会影响自己对幸福的追求。

都说女孩爱做梦，事前的憧憬总是美好的，可真正做起事来，心理落差就产生了。对任何事态持有乐观的态度，自卑的心理会很快消除。不要好高骛远，将目标定得低一些，或者将一个大目标划分为几个小目标，每实现一个小目标，自信心就增强一些。随着一个个小目标的实现，有了自信心，大目标就不再是可望而不可即了。

在孩子面前保持权威

一说到"权威"，一些家长最先想到的往往是"棍棒底下出人才"的教育观念。虽然孩子犯错误的时候适当地惩罚是有好处的，能让孩子记住同类事情不能再发生，但惩罚的方式有很多，做到惩罚到位就可以了。特别是女孩，"棍棒伺候"不仅起不到教育作用，反而会将孩子的逆反心理激发起来。女孩因父母打骂而离家出走的事件时有发生，就是因为家长没有在女孩面前用正确的方式树立权威，而是用专制的方式剥夺了女儿的自由。

"没有规矩，不成方圆"，单位有单位的制度，家庭也有家庭的规则，家长是规则的执行者，也是监督者，不仅要监督女儿的执行情况，更要自我监督。

比如，家庭规则中要求吃饭的时候不允许看手机，家长就要首先做到，女儿吃饭的时候看手机，必须及时制止，告诉女儿："所有的家庭成员都要遵守规则，如果坚持玩手机，就说明已经不饿了，可以到别处看手机。"

权威仅仅是纸上谈兵是不够的，一定要付诸行动，一方面让女儿知道家长作为执行者是毋庸置疑的，另一方面权威也是对女儿的保护，让女儿有安全感，也让女儿信服。

贝贝今年4岁啦，虽然是个小姑娘，可是，缺少了女孩的文静，非常活泼好动。父母在感受到女儿给家庭带来的快乐的同时，也对女儿的淘气有些烦恼。

贝贝玩起来很开心，甚至到了忘乎所以的"境界"。为了让贝贝乖乖地学习，父母就得与贝贝"谈判"，只要贝贝安安静静地看一个小时的书，就满足她一个条件。

这一天是星期六，贝贝正在快乐地踢球玩，爸爸说："贝贝，我们学习一会儿英语好不好？"

贝贝说："不好。"

"如果你学习一个小时的英语，爸爸明天就带你去动物园，你看好不好？"爸爸用惯常的方法让贝贝学习。

去动物园？这可是她梦寐以求的事情。贝贝手里抱着球，犹豫了一会儿，就开心地说："好吧。"

"当然了，明天是晴天才能去，如果下雨了，动物们都回家了，去了也看不到。"

贝贝说："好的。"

贝贝很乖，爸爸读英语的时候听得很认真，单词和句子很快就背下来了。

爸爸为了鼓励贝贝，在贝贝的额头上贴了三朵小红花。

妈妈回来了，贝贝开心地到门口将妈妈的拖鞋摆好。妈妈看到贝贝额头上的小红花，说："贝贝今天得到表扬啦，快给妈妈讲讲。"

贝贝将学习英语的经过讲给妈妈听，还邀请妈妈明天一起到动物园玩。

第二天清晨，天上下雨了。贝贝站在窗户边，看着窗外的雨。

爸爸说："今天下雨了，看来是不能去动物园了。"

于是，爸爸拿起电话，与朋友约好下午去体育馆玩乒乓球。

快到中午了，贝贝大声喊着："爸爸，快看，雨停了，下午一定会出太阳的！"

爸爸看看窗外，雨果然停了，天上的云已经散开了，看来下午能晴天。

爸爸又给朋友打电话，取消了打乒乓球的计划。

贝贝开心极了。

爸爸说："爸爸答应你的事情一定会做到的，但是到动物园要听爸爸的话，如果不听话我们就马上回来。"

贝贝点点头。

爸爸答应贝贝第二天去动物园，虽然因为下雨改变了计划，但看见晴天了就马上恢复了去动物园的计划，而且在去动物园之前给贝贝立下规矩，贝贝很听话。

爸爸用诚信维护了自己的权威，对女儿的管理也很有方法。其实，爸爸这样做就是告诉女儿，人与人之间是平等的，都要守规矩。如果家长定的规矩只让女儿遵守，自己不按照规矩办事，就难以在女儿面前树立权威。等女儿长大了，就要挑战权威，与家长对抗，成为家庭中的当权者。

家长在女儿心目中树立威信，可以发挥情感的力量，让女儿感受到家长的人格魅力，成为孩子心目中的榜样。

树立威信，不仅言传，还要身教。身教很重要，家长要有爱心、有责任心，做到表里如一，树立良好的形象，女儿自然会模仿家长的行为，对于家长的要求也能欣然接受。家长用自己的行为指导女儿，才是真正意义的权威。

另外，爸爸、妈妈对女儿的要求要统一，这是树立威信的关键，女儿找不到"避风港"，即便感到委屈，也只能听从。

第 7 章

美育，内修外塑

女孩的相貌很重要，相貌姣好的女孩，无论是在事业上，还是在爱情上，都占有一定的优势。有很多女孩为了让自己更美丽，采用了化妆、整容的方法，竭尽全力让自己的相貌尽善尽美。但她们不知道，相貌再美，看多了也会产生审美疲劳。所以，外塑的同时，别忘了内修，提高自身修养，才能让自己更加优秀。

杨澜有一个漂亮的女儿，她在写给女儿的一封信中提到关于女孩的美貌，告诉女儿：美貌，在适当的时候可以掌握着足够的发言权，让外貌成为资本，需要的时候可以使用一下，人生中的很多困境就可以开启。但是，女孩要记住，除了美丽的外表之外，还要注意内在的修养。

女孩的美丽让整个世界变得更加美好，她们就好像精美的艺术品一样，各自散发着独特的魅力。女孩的美丽不局限于外观，而是内在品味与外在形象的统一。拥有一个好的外观形象，能够吸引人的目光，但未必有持久性。只有丰富的精神内涵，才能让女孩散发出持久的魅力。

让美貌成为成功的敲门砖

爱美之心人皆有之。一个人长得好谁都喜欢多看几眼。发挥美貌的作用，走上成功之路，也许世俗，但也是现实。容貌可人能给人以良好的印象，从而获得更多的机会，路走得更加顺畅。

并不是所有女孩都拥有漂亮的外貌，毕竟美貌是稀缺资本，让这个资本发挥作用，可以规避很多的困境。漂亮的女孩并不都是花瓶，就看摆在什么位置，发挥什么样的作用。只要将花瓶放在合适的位置，花瓶就不再庸俗，成为了高雅的艺术品。

美貌是青春的标志，虽然有人说，不同年龄的女人有不同的美，但是，年轻的女孩是公认的美。年轻仅仅停留几年的时候，非常短暂，要好好珍惜，将美貌合理利用起来。

胡因梦21岁进入演艺圈，影视作品很多。这位与林青霞齐名的台湾第一女神在与李敖离婚后，蝶变为一个"非常"女人，走上了写作的道路。

学生时代的胡因梦不仅外貌出众，而且学习成绩很好，以高分进入到台湾辅仁大学。胡因梦是个多才多艺的女孩，绘画和舞蹈都是她的业余爱好，吉它弹得也很好，一边弹，一边唱着西洋民谣，吸引了不少男同学的目光。后来胡因梦离开台湾辅仁大学到美国纽约，当时学校里流传着一句话："从此辅仁大学没有春天。"胡因梦离开了学校，把这里的春天也带走了。可见，胡因梦的美是多么有影响力。

美国是个开放的国度，胡因梦的心灵在这里得到了解放，对她后来的生活产生了影响。

当胡因梦回到台湾的时候，一名导演看中了她，她有机会进入影视圈了。胡因梦是一名才女，但是能进入影视圈，最具决定性的因素恐怕就是她的美貌了。正是胡因梦的美让她走入了影视圈，她的才华得以绽放，1977年获得台湾电影金马奖，1979年获得金马奖提名。就在胡因梦的演艺事业风生水起的时候，她遇见了大自己18岁的李敖。胡因梦在中学时就喜欢阅读李敖的作品，是李敖的崇拜者，李敖倾慕胡因梦的美貌，追求是顺理成章的，婚姻也是水到渠成的。

可是，婚后两个人才发现相互之间的不合适。胡因梦的怪力乱神很难让李敖接受，胡因梦对李敖的束缚也不能容忍。两个人的婚姻维持了3个月零22天就宣告终结。

离婚后的胡因梦放弃了在影视圈发展的机会，到美国进修，既是"疗伤"，也是一次华丽的转身。胡因梦还是那么美，不过美的不是表象，而是更有内涵。

当有人问胡因梦，如果有机会，是不是愿意回到影视圈。胡因梦的回答很绝对：不会。

美貌是皮相的美，这种美可以作为资本，但如果过于依赖，就会导致心理负担过重。胡因梦说，脸上长个豆豆都会非常紧张，就怕拍摄效果不好。这种对美貌的过度重视让人活得很累。

胡因梦从影视圈走上写作的道路，实现了华丽转身，美貌依旧，才华尽显。

在这个追求自我的时代，越来越多的女孩对美貌有了认识，对美貌的价值也有所了解，女孩崇尚化妆、美容、减肥、微整形就是这个道理。美貌成为追求幸福生活的资本，就好像是自带的光环一样。但是，外在的美丽总是转瞬即逝的，只有内涵美才能真正经受住岁月的洗礼，实现华丽的蜕变。

腹有诗书气自华

书是最好的化妆品。多读书的女孩，更加智慧，视野更加开阔，心灵得到滋润的女孩更成熟。读好书，能让女孩内在的气质自然地散发出来，那种美丽不是靠修饰获得的，而是骨子里透出来的，浑然天成。

女孩喜欢看书，更能让自己的心静下来吸收书中的营养，体味人生。读书让女孩更加深刻，更加优雅，其中的很多哲理都将成为社交的资本。

女孩要变得有气质，可以有多种途径，最好的方法是阅读。闲暇的时间有书的陪伴，让身心更为舒展，一切的烦恼都在阅读中消失。阅读能够让人感受到快乐，经常阅读的人，生活更有诗意。

余秋雨曾经说过：读书可以使自己成为一个健全的人，可爱的人，健康的人。读书也可以让女人成为一个智慧的人，一个幸福的人。

女孩要让自己更加美丽，更加幸福，从阅读开始，通过阅读提升气质，增添自己的魅力。

一个人的气质，藏在曾经读过的书里。武亦姝走红，是因为她腹有诗书，那种散发出来的古典美成为亮点。与单纯的表象之美相比较，气质如兰、出口成章的武亦姝，柳眉凤眼，搭配着飘逸的汉服，这种带着传统文化气息的美，使她的整体气质得到了升华。

武亦姝，16岁，一名复旦附中的女孩，拥有着2000首诗词储备量，即便是北大博士陈更也要甘拜下风。有多少人被这名女孩的才情所折服。

其实，武亦姝在小的时候也是很顽皮的。在武亦姝上幼儿园的时候，父母不希望女儿输在起跑线上，为女儿制订了"完备"的家教计划。

每天武亦姝从幼儿园回到家，都要完成父母留的作业之后才能上床睡觉。武亦姝不喜欢这些，感觉很累，对父母施加的压力产生了逆反情绪。在父母的面前很听话，父母一走出她的视野，她就立即上床睡觉。

父母发现女儿"作弊"，就告诉女儿，父母这么做是为她好。武亦姝不觉得，她说，自己很累，需要休息。

女儿不喜欢学习可怎么办？武亦姝的父母有些烦恼了。

一次，父母带着武亦姝到朋友家做客，看见人家的小孩很喜欢学习，就询问教子之方。朋友说，没有刻意管教过孩子，估计是环境影响的结果。

朋友家有很多的书，房间里随处可见。家里的小孩无论走到房间的哪个位置，都能随手拿一本书来读。朋友夫妻俩没事的时候各自捧着一本书看，小孩也学着大人的样子拿着书看。

武亦姝的父母这才意识到，真的是言传不如身教，培养孩子养成读书的习惯太重要了。

武亦姝的爸爸原本下班回家就喜欢下棋。从这以后，以身作则，回家就陪着孩子看书、画画，妈妈也看书，沉浸在文学的海洋中，阅读到精彩之处，一家三口还坐在一起讨论一番。

一次，武亦姝看《西游记》绘本，觉得很有趣，就笑起来。爸爸问："这么好笑，讲给我们听听。"爸爸这么问也是有目的的，可以训练女儿的语言表达能力。爸爸还引导女儿改编故事情节，三个人各自扮演着不同的角色，让阅读的情节更为生动、形象。

假期的时候，父母并不会让武亦姝在家里学习，而是带着她到处旅游，将所见所闻写出来。

就这样，调皮爱玩的武亦姝变得腹有诗书了。在武亦姝的成长中，父母也有所进步。父亲最大的收获是阅读了各种古典名著，作为美术老师的母亲，绘画的技艺大大提高。

读书已经成为武亦姝生活中的一部分，就像呼吸一样重要。女儿的蝶变，父母是感同身受的。虽然父母都希望女儿成才，但是，武亦姝的父母并没有太过看重成绩，考多少分没有关系，只要学习中端正态度就好。

武亦姝所获得的物质条件与成绩没有关系。只要父母有足够的经济能力，就会为女儿提供力所能及的帮助。武亦姝的父母认为，这个时代到处都充满诱惑，让女儿感受到父母的爱，不缺钱花，就能少走弯路。

武亦姝的生活中不止是学习，还有好多的内容，看电影、玩游戏，将自己打扮得漂漂亮亮的，每天生活得非常充实。

初中阶段，武亦姝开始阅读经典了。经典不仅能让武亦姝笔下生花，而且还可以提升品格修养，这是父母让女儿大量阅读经典的初衷。2015年，武亦姝的文采展露出来，获得了首届"新闻晨报杯"上海市初中生作文实践奖。

武亦姝是个爱美的女孩。她读初三的时候，与妈妈商量要穿汉服，她很喜欢宽袍大袖的那种飘逸，觉得自己就好像是古诗情节中走出来的人一样。妈妈非常支持女儿的想法。身高1.80米的女儿，穿上华美的汉服，一定会惊艳校园的。

武亦姝每天穿着汉服上课，经常拿着苏轼的诗集，成为了校园中的一道风景。

《中国诗词大会》上，武亦姝获得了总决赛冠军。父母为女儿的表现骄傲。

妈妈说，自己的女儿不是天才，是教育的结果。要让孩子变得优秀，就要给孩子塑造良好的家庭环境。开明的父母给女儿自由和足够的尊重，注重对女儿气质的培养，才能让女儿更加美丽而自信。

培养女孩的才气，书的熏陶很重要。一些家长认为，让女儿有才气，就是让女儿背诵很多的美文，到各种学习班学习。其实，只要女孩的心中拥有美丽的世界，其气质就会自然生成。

高尔基曾经说过：书籍是人类进步的阶梯。

让女儿爱上读书，不需要过多的督促，只要将书放在女儿的视线范围内就可以了。美好的事物不需要强求，只要是适合女儿的书籍就可以买回来，让女儿知道阅读的重要性。

让女儿喜欢阅读，别忘了营造良好的阅读氛围，安静的家庭读书环境是必不可少的。家长也要参与阅读，与女儿共同提升。

家长可以与孩子一起去图书馆阅读，经常逛书店，享受有书的世界。女儿喜欢的书籍可以买回来让女儿慢慢品读，还要分享女儿的阅读心得。

勤俭节约，让孩子具备自我控制力

生活日渐富裕了，家长富养女的作风十足，女儿要什么，就尽量满足，只要经济能力允许，就会给女儿最好的，不让女儿受一点点委屈。女孩在优越的家庭环境中生存，没有经过历练，不知道生活的艰难，吃穿用度都是家里提供，却不懂得珍惜，不喜欢就随手扔掉。浪费的现象比比皆是。

勤俭节约是中华民族的传统美德，但很多时候这句话仅仅成为孩子的口号，没有落实到行动中，不知道节俭、不注意言行，是孩子缺乏自我控制能力的表现。

英国女王伊丽莎白二世经常说的一句谚语是：节约便士，英镑自来。她要求白金汉宫里使用的电灯泡不能超过40瓦，离开房间之前就要将房间中所有的电灯关掉。伊丽莎白二世不仅对别人有要求，自己也是亲力亲为，每天深夜她都亲自将白金汉宫小厅堂和走廊的灯亲自熄灭。一次，查尔斯王储将一条狗绳丢掉了，伊丽莎白二世知道之后，非常生气，要求任何可以循环利用的物品，诸如绳子、纸张等等，都不可以丢弃。她本人使用的牙膏，都要挤到一点都不剩。无论是花卉，还是各种礼品，要简单，禁止华而不实。除了用品之外，食物也是如此，已经熟透的水果一定要吃掉，不可以浪费。

伊丽莎白二世一定是不缺钱的，不需要如此节俭。能够这么做，而且坚持以身作则，是因为这位女王的贵族风范，对自己的行为具有很好的控制力。

凯特王妃的节俭也让英国王室的形象大大提升。这位王妃快乐而充满活力，厉行节俭，严格遵守王室的一切原则。

凯特王妃结婚之后，依然穿着多年的旧衣服，用不同的配饰和高跟鞋改变形象。她喜欢平价品牌，即便嫁入皇室也没有改变。

在购买服装方面，凯特王妃拒绝折扣，都是原价购买。凯特王妃对父母家不远处的一家小服装店情有独钟，这里的设计师免费送给她很多不同款式的服装，凯特王妃都会谢绝。如果这些衣服中有她喜欢的，就会让私人助理购买。

俄国著名的文学家高尔基曾经说过："哪怕对自己一点小的克制，都会使人变得强而有力。"

伊丽莎白二世和凯特王妃都有条件过上奢侈的生活，但是她们都有足够的自制力抵制住各种诱惑。

经济条件好，未必就要过浮华的生活，节俭同样能够保证生活质量。有的女孩在一起喜欢相互攀比，对节俭嗤之以鼻，似乎节俭是丢人的行为，于是女孩对家长提出了过高的要求，甚至让家长难以承受。此时家长指责女儿，但他们似乎没有意识到，这正是自己对女儿失败教育的恶果。

家庭环境对孩子的教育是潜移默化的，家长的风范对孩子成长有很深的影响。那种无言的教育，不仅培养孩子的性情，更是塑造孩子的人格。

记得小时候我自己洗小手巾，拧开水龙头冲洗。妈妈看到了，直接将水龙头关掉，然后拿过来一个盆，接半盆水，让我在盆里洗，还告诉我说："水龙头一直开着，太浪费水了。用盆洗，水不要扔掉，还可以用来拖地、冲马桶。"

小手巾洗完之后，妈妈把我叫到身边说："地球上缺水的地方很多，我们有这么好的条件用自来水，也要想到缺水的地方，不可以浪费水资源。"

除了节约用水之外，吃饭的时候，妈妈也经常叮嘱我不要浪费食物。现在已经不是食物匮乏的年代了，但是有些地方依然是靠天吃饭的，年景不好必然影响庄稼的收成。记得有一年东北地区干旱严重，一名同事说，他家的玉米颗粒无收，自己有地，还要花钱买粮吃。

现在的女孩很少有参与农业劳动的了，不能体会到农民的辛苦，对勤俭节约没有正确的认识，甚至认为勤俭节约的行为是很没面子的。

勤俭节约是美德。女孩能够做到节约，就说明她有着一定的自我控制力，不让自己奢侈浪费。

要想培养女孩勤俭节约的好习惯，家长首先要做到勤俭节约。在勤俭节约的家庭环境中，女孩也就养成了这种生活习惯。

勤俭节约要从小事做起，女孩在很小的时候，家长就要规范她的行为。比如，女儿吃饭的时候，告诉女儿吃多少盛多少，不可以剩饭。各种用品不必追求华丽，也不用经常换，能用就可以。这些小事情看起来微不足道，女儿在执行的过程中则需要经历一个从转变到习惯的过程，一点一点地规范自己的行为，从不习惯到习惯，就变成了行为风格。

培养女儿的感恩之心

有个朋友说："女儿很自我，她不喜欢做的事情，别人怎么劝她都不会听的。现在的孩子是不是都这样？"

我说："不尽然。是不是你们把孩子照顾得太无微不至了。"

朋友说："就这么一个孩子，还不得要什么给什么，让她幸福、快乐地成长。"

我说："父母这么任劳任怨，女儿就认为获得是理所应当的了，怎么能体会到父母的用心良苦。"

生活中不免遇到各种困难，一个缺少感恩之心的人不能够得到别人的关爱，也无法获得帮助。既没有别人的情感支持，也得不到别人的帮助，自己解决困难就很不容易。让女孩懂得感恩，她提出的基本要求给予满足，超过承受能力的要求以及不合理的要求要懂得拒绝。越是不容易获得的，就越是懂得珍惜。父母对孩子的要求不予满足，让孩子明白父母给予自己的帮助是有限的，一旦获得，就倍加珍惜，从而对父母持有感恩的态度。

感恩是对帮助自己的人的回馈，也是一种生活的态度。当人生遇到挫折的时候，或者向挫折挑战，或者被挫折打倒。持有感恩之心的人，能够用积极的心态将挫折当做一次挑战，让自己进入到新的人生起点。

美国总统罗斯福的家里被盗了，小偷把值钱的东西都拿走了。当罗斯福的一个朋友听到这个消息之后，立刻发来慰问信，写道：亲爱的总统先生，听说您的家里被盗了，我非常担心。像您这么伟大的人物也会遭遇这种不幸，上帝太不公平了。希望您不要为此过于忧虑，以身体为重，保持良好的精神状态，开心起来。

罗斯福看到这封信之后，就回信说：非常感谢您的安慰，我的精神状态很好，身体也很好，不用为我担心。上帝是公平的，我的财物丢失了，小偷没有伤害我的身体；让我欣慰的是，小偷没有将我全部的财物偷走，还给我留下一部分；更让我感到庆幸的是，做贼的是他而不是我！

罗斯福对待自己的不幸遭遇，依然持有一颗感恩的心。在不利的状态中发现好的一面，将打击变成动力，就能保持乐观的态度，让自己的路走得更加顺畅。

每个人从出生开始，就在不断地获得。在享受别人的施与的同时，也要懂得感恩，记住别人对自己的好，一旦自己有能力了，就要记得报恩。

欧阳菲菲演唱的《感恩的心》，优美动听。这首歌的创作源自于一个凄美的故事。

一个小女孩患有先天性失语症。在她很小的时候，爸爸就去世了，与妈妈相依为命。

妈妈每天忙于工作，早出晚归。每到日落西山的时候，小女孩就等在家门口，望着妈妈回来的路。当妈妈的身影出现的时候，她就非常高兴，这也是她一天当中最快乐的时刻。妈妈每天都给她带回来美味的年糕，虽然是小小的一块儿，也让她感到无比幸福。

一天，外面下着很大的雨。小女孩心里莫名地担忧起来。她如每天一样站在门口望着妈妈回来的路，可是，天黑得已经看不清路了，雨下得越来越大，却没见妈妈的身影。于是，小女孩就走上了妈妈回来的路，走了很远，看见妈妈倒在泥泞的路上。

小女孩摇着妈妈的身体，妈妈没有理她。"也许是妈妈太累了，想要歇一歇吧。"小女孩这样想着。于是，小女孩将妈妈的头放在自己的腿上，让妈妈睡得更舒服一些。

当小女孩低头看着妈妈的眼睛的时候，发现妈妈的眼睛是睁开的。这个时候，小女孩才意识到，妈妈不是睡着了，而是已经离开了人世。

妈妈是她在这个世界上唯一的亲人，现在离她而去了，她感到一阵恐惧，拉起妈妈的手用力地摇晃着，她看到了妈妈的手中攥着她爱吃的年糕。

小女孩无助地哭着，却发不出声音。

雨还在下着。

小女孩哭了很久。她知道，妈妈太累了，需要休息了。可是，妈妈依然不放心女儿，所以，不愿意闭上眼睛。

她擦了擦眼泪，用手语告诉妈妈，她一定会坚强地活下去，让妈妈放心。

雨水与泪水在小女孩的脸上流淌着，"感恩的心"用手语不停歇地做着，直到妈妈的眼睛闭上。

"我来自偶然，像一颗尘土，有谁看出我的脆弱，我来自何方又情归何处，谁在下一刻呼唤我。…… 感恩的心，感谢有你，伴我一生，让我有勇气作我自己……"

这首歌响彻大江南北，让我们知道，怀有感恩之心的人更能感受生活的美好。

美国哲学家赫舍尔曾经说过：世界是这样的，面对着它，人意识到自己受惠于人，而不是主人身份；世界是这样的，你在感知到世界的存在时，必须做出回答，同时也必须承担责任。

感恩，就是要懂得在接受的同时感谢他人，懂得知恩图报。

家长要让女儿知道父母的钱是靠劳动换来的，不是天上掉下来的。家长在日常的生活中要经常与女儿谈自己的工作，包括工作中的各种困惑等等，适当的时候，让女儿到自己工作的地方看一看，让女儿体验挣钱的辛苦。

节假日期间，让女儿将自己的一些衣物和玩具整理好，捐献给需要帮助的人，培养女儿乐于助人的精神，享受帮助他人的过程中带来的喜悦。孩子的感恩意识形成了，奉献就变成了自觉行为。

快乐的女孩懂得分享

将好的东西与大家共享可以收获快乐；将开心的事情告诉大家，当周围的人都开心了，自己会更加开心。分享是让自己获得幸福的途径。

家长对女孩的培养中，当女孩懂得并体验到分享可以获得快乐时，就会自觉地与人分享。分享虽然有所失去，但是获得的更多。女孩领会到其中的道理，分享中必然充满乐趣。

"赠人玫瑰，手有余香"，让分享成为女孩最美好的品质。

女儿小的时候对自己的玩具爱护有加。不像其他的小朋友一样，玩过的玩具到处乱扔，而是统统放到一个小柜子里面，想要玩的时候自己去拿。

一天，邻居带着家里的小朋友来做客，手里拿着玩具，要和女儿一块儿玩。女儿很开心，拿着玩具爱不释手。

我说："小姐姐把自己的玩具与你分享，你是不是也该把自己的玩具拿出来给小姐姐玩？"

女儿有些犹豫了。

我接着说："你们玩这一个玩具都好长时间了，不觉得枯燥吗？有更多的玩具是不是更加快乐？"

这句话正中女儿下怀，她跑到小柜子那里，将自己喜欢的玩具拿出来一些。两个小朋友玩得很开心。当邻居小朋友要回家的时候，女儿还有些恋恋不舍，说："明天再来玩呗，我这里还有好多玩具呢，还有好看的图书，我们可以一起看。"

邻居说："有空我们还会来的。"

女儿有些不相信，把小姐姐拉到一边咬耳朵，不知道说了些什么。

我和邻居都笑了。

邻居带着小朋友走了之后，我悄悄地问："你们说了什么，能告诉妈妈吗？我保证不会告诉别人的。"

女儿神秘地说："我告诉小姐姐，下次再来，我给她讲好听的故事。"

我笑了。女儿很会讲故事，都是自己独创的，周围的小朋友很爱听，因此女儿走到哪儿都比较受欢迎。

我说："除了讲故事，还要把自己喜欢的玩具与小伙伴共享，这样要比一个人独自玩更加快乐。"

女儿说："好多玩具我都已经不喜欢了，和小姐姐一块儿玩才发现，这些玩具还是很好玩的。"

我说："好玩的不是玩具，而是因为你在和小姐姐一起玩，小姐姐开心，你就觉得无比开心。"

女儿说："我懂了，将自己的东西与人分享，就会更加开心，对吗？"

我说："对的，我的女儿很聪明。"

女儿在很小的时候比较缺乏安全感，独自守护着自己的专属物品，不让别人碰，除非是她非常喜欢或者信任的人才可以碰她的东西。家长对孩子的这种心理要持有理解的态度，利用各种机会引导，让女儿感受到分享中所获得的快乐。

在对女儿的引导中，模仿文学作品中的形象是比较好的方法。小孩的模仿能力比较强，也充满好奇心。用直观形象的方法培养女儿的分享认知能力，让女儿知道，好的东西与人分享要比一个人独享更加快乐。

《金色的房子》一书中，小姑娘是很自私的，她不希望小动物们到她的房子里玩，怕吵得她不能好好睡觉，还会把地板弄脏。后来就越来越觉得孤独，于是，请小动物们到自己家玩，非常开心。

家长与女儿玩这个游戏的时候，可以各自扮演不同的角色，女儿扮演那个自私的小姑娘露西，爸爸、妈妈可以扮演各种小动物，让女儿在表演中体验独自一人的孤独和与小动物们一起玩的快乐。

在日常生活中也要为女儿营造分享的环境。家长要做有心人，给女儿讲一些有教育意义的事情，让女儿在听的过程中产生一种享受感，感受到分享是一件非常有趣的事情。

鼓励女儿参加集体活动，与小朋友交换玩具，让他们拉着手一起走路，当遇到小困难的时候知道向同伴求助，同时在伙伴需要的时候也会伸出援助之手。

瑞士著名的儿童心理学家皮亚杰曾经说过："一般的同伴交往和具体的同伴冲突是儿童发展视角转换能力的必要条件，是儿童摆脱自我中心的前提。"

女儿在集体活动中要遵守活动规范，与小朋友自由交往，在相互交流中受到启发，在相互帮助中提高协调能力。当产生矛盾的时候，为了集体荣誉，会更加宽容，更多地考虑别人的想法和需求。女儿的换位意识形成了，分享的品质也就逐渐养成了。

忍耐和宽容是一种涵养

现在的一些女孩比较任性，也许是家庭环境造成的，也许是社会环境使然，不经意间让自己失去了尊严。女孩应该有较高的人生品味，懂得在社会环境中收敛，懂得用宽容和忍耐维护好自己的家庭。多一点理解，多一点忍耐，仅仅是善意的微笑，在未来的路上都能获得更多的回报。

因为有了宽容，就能与人和睦相处；因为能够忍耐，与他人的关系更为融洽。由于不会吹毛求疵，更多地想到别人的需求，所以，几乎不会令人感到失望。

宽容和忍耐让生活更加心安理得，更加健康优美。

生活中没有完美无缺的人，多看到别人的优点，就会发现别人身上有很多自己所不具备的、需要自己学习的优点，这样一来，宽容就变成了谦虚。虚心请教，虚心学习，让自己变得更加完美。

抱怨是一种泄愤的方式，一时的自我宽慰不仅不能让自己放松，反而会增添许多的烦恼。没有健康的人格，哪来的快乐呢？成功更是无从谈起。

希拉里的父亲是一个脾气暴躁的男人，郁郁不得志，母亲多萝西具有超强的忍耐力，为人宽容。希拉里一步一步走上成功的道路，母亲的支持非常重要。这位"美国第一岳母"见证了女儿的政治生涯，却为人低调。在希拉里与奥巴马的总统争夺战中，一个颤巍巍的身影出现在选民的面前，一句"我是希拉里的母亲"让无数的选民感动不已。

"母亲牌"是希拉里的一张王牌，母亲的理智和自信让希拉里非常骄傲。

克林顿性丑闻曾让希拉里陷进了"沼泽地"中。希拉里的母亲知道这个消息之后，在女儿没有表态时就已经声明：一个男人好不好，只有他的岳母才有发言权。

希拉里得到母亲的鼓励，呈现出宽容的姿态，强硬的希拉里在人们的视野中消失了，人们看到的是她忍让的品质。克林顿的政治生命被挽救回来了。

希拉里的这种宽容不是懦弱，而是仁慈，只有具有良好修养的人才会有如此高雅的风度。

关于希拉里的宽容，还有一件非常有趣的事情。

希拉里写了一本自传。一位美国脱口秀主持人对她的自传评价说："希拉里的这本书不可能卖得好，我敢打赌，如果这部自传卖出100万本，我就把鞋吃下去。"

这位主持人对自己的判断太有自信了，毕竟希拉里是前美国总统克林顿的妻子，如此有影响力的人物，脱口秀主持人竟然敢下如此赌注。结果仅仅几个星期的时间，自传就卖出了一百多万本。

这下可有好戏看了。这位脱口秀主持人既然开金口了，就要遵守诺言。估计还没有哪个人品尝过鞋的味道呢，他是首位。

不久，有消息传出，脱口秀主持人确实尝到了鞋的味道，而且还愉快地将鞋吃掉了，感觉味道好极了。

当有人听到这些的时候，简直颠覆了味蕾。

鞋子确实被吃掉了，但是质地与众不同。原来是希拉里特意订制的蛋糕，鞋的形状，加了"宽容"这种调料，味道真的是棒棒的。

希拉里对脱口秀主持人的讽刺并没有介意，更没有报复式地回击，而是用宽容的方式化解了矛盾。

鞋子形状的蛋糕，是不是很幽默。也许是希拉里的沉默和忍耐让自己的书更加受欢迎，也许这种幽默的表达让蛋糕更加可口。宽容中透着温暖是令人折服的。

宽容是一种内心强大的表现，面对人生的起起落落，心更加平静，和气待人，也是善待自己，将小事化了，避免矛盾的激化。

走在社会中，遇到"伤害"是不可避免的，要豁达大度，不要斤斤计较，将愤怒转化为能量，就是一种智慧，也是成功的法宝。

女孩要能做到宽容和忍耐，就要试着从生活中挖掘出事情的本质，找到美的元素，看到人善良的一面。

法国雕塑艺术家罗丹曾经说过："生活中本不缺少美，缺少的是发现美的眼睛。"生活中有很多艺术元素，散发着美感，很多人没有发现，是因为没有艺术观察力的眼睛。.

同样的风景，不同的人，由于观察的角度不同，所看到的景色也不同。

不要总是惦记着失败，换个角度，将失败当成"跳板"，也许会更让人生更加精彩。宽容的人更加乐观，忍耐的人让未来的道路更加宽广，一个充满自信的人，很自然地就能够发现美。

8

Chapter

第8章

学习，自主提升

学习，是学生的主业。有自主学习能力的人才能将获得知识作为一件快乐的事情，让自己插上知识的翅膀，在广阔的天空中翱翔。可是，并不是所有的学生都对学习感兴趣。

女孩比较感性，在学习中很容易受到各种因素的干扰。我认识一个女孩很喜欢聊天，也喜欢看书。当然都是老师推荐的课外书，看起书来很沉静，文笔也很好。不看书的时候就用手机和好朋友聊天，唯独不喜欢看课本，也不喜欢上课。家长对此很烦恼。

我曾经问过这个女孩："你喜欢看书，怎么就不喜欢课本？"她说："我也不知道为什么，明知道课内的知识是重要的，课外知识只能起到补充的作用，可是我就是管不住自己。"

这个女孩也许说出了很多学生的心声，明知道怎么做是正确的，就是不愿意做。这就说明，没有养成良好的学习习惯，学习方法存在问题。学习需要勤奋努力，但使用有效的方法更重要。

超强学习力在于长时间专注

在这个信息大爆炸的时代，干扰实在太多了，由于做一件事情无法专注，导致需要做的事情一再拖延。

长时间专注，重点不在于"长时间"，而是"专注"。专注学习就能提高效率，长时间则是相对的时间。如果长时间专注于一件事情，就更容易成功。学习中亦是如此，专注学习，而且是持久地专注，不仅学习效率提高了，学习能力也会增强。

世界著名的媒体文化研究者和批评家尼尔·波兹曼认为：随着新媒介的发展，信息爆炸极大增加了人们"分心"的机会，人们专注时长在急剧下滑。

人们的生活节奏加快，阅读碎片化，知识点也变得零散化了，长时间专注于学习成为一种奢侈，特别是现在各种游戏不断涌现出来，一些女孩被游戏所吸引，学习就不免分心，即使学习的时间长，但学习质量不好。每天学得筋疲力尽、困倦不堪，成绩却不够理想。

刘媛媛一举成名，她是《超级演说家》全国总冠军。刘媛媛是一个山村小姑娘，考上北京大学已经是一次逆袭了，获得《超级演说家》的冠军，又当上了CEO，简直走上了人生的一个巅峰。

刘媛媛说，自己在参加演说之前是没有演讲经验的，却成为冠军。这就说明在她的身上有无限的潜力。

一个没有演讲经验的女孩，超越了具有丰富演讲经验的"鬼马书生"蒋佳琦成为冠军，刘媛媛靠的是什么"法宝"呢？

刘媛媛的回答很简单："说出来可能让人发笑，我靠的是强大的学习能力。"

也许没有人相信，刘媛媛在读高中之前还是个全年级成绩倒数的学生。进入到高中，就改头换面了。

有人说，一个人的突然改变很有可能与某个人的一句话或者某件事情的强烈刺激有关，刘媛媛的改变则源于一本书——《一个叩开牛津大门的高二女生》。

去北京大学是刘媛媛做梦都不敢想的事情，就是在看到这本书的一刹那，刘媛媛想：如果我像她一样努力，结果会是什么样的呢？

刘媛媛有了自己的学习目标，下决心让自己强大起来，一定要摆脱贫困，走出去看世界。

刘媛媛开始像周围的同学一样努力学习。可是，虽然学习成绩有所进步，却没有进入班级的前十名。这时候她意识到，学习仅仅靠努力是不够的，更要靠方法。

她在学习的时候不断总结经验，对各种学习方法加以尝试，终于有一天她在背书的时候，发现历史课本的小字部分都可以记忆深刻，不会如往常背课文一样，背下来第二天就忘了。刘媛媛终于找到了适合自己的方法，不仅学习的进度加快了，而且几秒钟时间就可以进入到专注学习的状态，拖延的不良习惯也有效解决了。

再次参加考试，刘媛媛一跃成为年级第一。人生毕竟不是演戏，刘媛媛很遗憾没有顺利地考上北京大学，而是对外经贸大学。

刘媛媛是梦想是北京大学，她并没有改变这个初衷。读大学的她投入到考研准备中，决定在大学四年后一定要实现自己的梦想。

考北大的法硕，竞争是多么激烈呀。刘媛媛跨专业，就要重新学习法律知识。大学的学习生活与高中不同，比较松散，刘媛媛的学习不够专注，学习效率不高。为了找到快速有效的学习方法，刘媛媛到图书馆借阅各种书籍，寻求适合自己的学习方法。

对学习方法进行一番研究之后，刘媛媛全身心投入到学习中。三个多月的时间里，刘媛媛每天7点准时到教室，晚上11点休息。参考书的内容都背得滚瓜烂熟了，笔记做了一本又一本。

刘媛媛用自己的努力创造了奇迹。她如愿以偿了，而且她的成绩排名全国第十，非常优异。

不经过努力，就不知道是否能够改变自己的命运。

刘媛媛承认，自己对知识的吸收能力很快，与长时间的专注有关。找到了合适的学习方法，加上努力，学习效果就非常好。

在《超级演说家》中夺得冠军，刘媛媛用了3天的时间做准备，翻阅二十多本与演讲相关的书籍，对演讲者的表达方式、肢体动作以及语气都进行研究。

现在，刘媛媛是一名CEO，各项工作她都能快速地熟悉，并且运作自如。

刘媛媛的学习力是非常可贵的，因为在学校里学习的知识普遍存在着滞后性，当进入到工作岗位后都需要重新学习。能够快速地更新知识，对所学习的知识进行创新，具备这种能力的人无疑是不可多得的人才。

歌手李健坦言自己在大学期间学习成绩不够优异，但是只要是自己喜欢的或者需要的知识，就能够通过提高专注力高效获取，这是他非常好的学习习惯。

李健说，他的大学同学中，一些人成绩不是很好，但是有着很强的硬件能力，毕业之后就一鸣惊人了，这是因为他们专注于自己所喜欢的事情，也愿意继续做下去，让自己所热爱的东西成为职业，这是非常幸运的。就算自己的爱好没有成为职业，专注于其中，即便不能创造经济利益，也可以从中获得快乐。这种快乐恐怕是别人所体会不到的，这也是一种幸福。

当女儿学习成绩不好的时候，家长往往会说："我家的孩子很笨，对知识的吸收能力不够，老师讲了很多遍也学不会。"

当家长教育女儿的时候说："你学习不是为了别人，而是为了你自己！"

这些话都没有错，问题是，如果女孩不具备学习能力，不能够对自己的学习有所掌控，学习效果依然不是很好。让女孩成为学习的主人才是最好的办法。

让女孩有学习力，重要的不是单纯地传递知识，而是让她掌握学习方法。学习的过程中必然会遇到各种困难，她有能力自主克服，想办法解决，即便是将来进入到新的领域中，依靠自己的学习力也能获得成功。

让女孩多读书，重在培养她的逻辑思维方式，分析文章的结构，思考作者的创作背景和观点，让女孩具备阅读中提取关键信息的能力。

读书之后，让女孩自主思考，将自己的理解记录下来，将掌握的知识用于学习中。当女孩掌握了适合自己的学习方法之后，学习能力就自然提高了。

让女儿养成良好的学习习惯

每天的学习时间是有限的，因此要让女儿合理安排学习时间，在短时间内完成学习任务。在规定的时间内学习，休息的时间看报纸、做一些娱乐活动，做到张弛有度。女孩在学习中按照时间安排完成学习进度，对其良好的学习习惯养成非常有帮助。

著名的儿童教育家陈鹤琴曾经说过："习惯养得好，终生受其益，习惯养不好，终生受其累。"可见，让女儿从小就养成好的学习习惯关乎到其一生的发展。

每年高考完毕，都会有一些学霸"出炉"。他们获得高分，不是上天恩赐的礼物，不具有随机性，而是努力的结果，在不断的学习和修炼中选择正确的方向。

这些学生都有着各自的学习方法，其中的一个共性就是都养成了良好的学习习惯。他们知道自己的目标是什么，什么时间该做什么事情，将学习、生活和休息都安排得井井有条。

郑灵丽以总分635分的成绩获得惠阳区文科第一名。这名学生外在形象给人以典雅的感觉，交流中明显感觉到其思维非常灵活。

郑灵丽接受采访时说起高中的学习经历，她说："高中就不得不面对成绩，因为成绩能够决定未来，可是，成绩也不能决定一切。高考是每一名高中生都要越过的一道坎，高考失败了，高中学习失败，不知道还能做好什么事情；高考成功了，还有什么过不去的呢？"

郑灵丽的年龄不大，对于高考有着自己的认识，颇有哲学的味道。

有多少在高考上败下阵来的人说：上个好大学也未必有个好专业，大学毕业了同样面临就业难的问题，专业不对口就等于白学了。

这些话听起来有点酸，也是高考失败者给自己的安慰吧。

努力是为了让自己飞得更高。所有的高中学生面临高考都是有心理压力的，不能被压力所吓倒，而是让压力变成动力，就会更加勤奋努力。

郑灵丽并没有将自己定位于"尖子生"，她认为自己比别人笨，所以，要比其他的同学更加努力学习。如果让自己停留在所谓的"尖子生"的名号上而不再努力，早晚会被淘汰出局。

郑灵丽说，她每天都怕自己落后于人，希望自己这个"笨鸟"能先飞，比别的同学都飞得快一些。更多的付出就是为了不让自己的成绩下滑，小心翼翼地守着成绩单。

成绩很重要，那是验证学习质量的一个标尺。带着虚荣心攀比成绩是无益的。成绩可以给人以压力，激发人的上进心。

学习上有压力，才能有动力。虽然在鼓励素质教育的今天，一再倡导不要过于强调学习成绩，可是，进入高等学府还是要以成绩作为主要的衡量标准的，所以，还是要严肃对待的。

高中的学习中，正确认识自己的能力很重要。

郑灵丽谈及高中选择文理科的时候，她说，高中一年级在偏理的班级中学习，感觉数学的讲课进度很快，对于自己而言是非常具有挑战性的，情绪也变得不稳定起来，严重影响了数学态度。

后来静下心来想一想，越是有困难，就越是要不断努力才行。于是，郑灵丽在周末留宿刷题，这种学习状态已经近乎疯狂了，为的就是不落人后，一定要学好数学。

郑灵丽为了保证数学的学习成绩，即便是想家，也要坚持住，直到这个学期结束，她的这种学习模式也告一段落了。

高中二年级，郑灵丽选择了文科。进入到新的学习阶段，就要重新调整学习计划了。

清晨头脑清醒，背诵的效果最好，郑灵丽坚持每天早晨五点起床，用一个小时的时间背历史、地理和政治。这个习惯坚持了两年。

每当高考之际，家长就希望能从学霸这里获得好的学习方法。事实上，学习方法是因人而异的，主要是适合自己，而且要坚持做下去。

养成好的学习习惯，首先要有毅力，否则一切都是枉然。别人的学习方法可以借鉴，但是知识基础不同、学习条件不同、知识的接受能力不同，借鉴学习方法的过程中，就要灵活调整。

高中学习的科目多，时间紧张，郑灵丽对于自己的时间安排已经达到了细致入微的程度，特别是闲暇时间的安排非常周到，让自己在学习之余能够充分休息，不让自己持续学习，保证身体健康。

比如，早读前的闲暇时间可以背诵文综。课间休息的时候请老师帮助解决不懂的问题，也可以整理一下课堂笔记。晚自习之前，要训练自己的弱势科目。学习可谓是"见缝插针"了。

周末的时间是非常宝贵的。作业完成之后，就要自主复习。将学习的时间精确到分钟，可以提高学习效率。

学习的过程中也要注意身体健康，所以劳逸结合很重要。直到高三了，郑灵丽都没有放弃锻炼，每一堂体育课她都不会浪费，跑步、做仰卧起坐或者散步。她不希望占用体育课的时间学习。如果身体健康状况不好，必然会影响学业，到时候就追悔莫及了。

很多人认为学霸每天的生活内容就是学习，其实错了。良好的学习习惯是成就学霸的一个重要原因。他们有娱乐的时间，有锻炼的时间，有休息的时间。与众不同的是，他们该学习的时间都会专心学习，而且对学习时间的安排科学合理，学习效率提高了，日常的生活也不会受到影响。

帮助女儿养成合理安排学习时间和作息时间的习惯，让女儿有计划地做好每一件事情，做事有策略，处理事情有主见。

学习要跟得上老师的节奏，课上的学习任务课上完成。不懂的问题要课下询问老师，或者与同学讨论，及时解决问题。

能提出问题就说明学生积极思考了。家长让女儿及时提出问题，就是督促她多思考。思考得越深入，就必然会提出各种问题。解决问题的过程也是不断学习的过程，知识面不再局限于教材，而是延伸到实践中，或者与其他学科知识建立关联性，属于自己的知识结构就会形成。

提高女孩记忆力

没有良好的记忆力，学习就感到很吃力。有多少人羡慕别人家的女孩有过目不忘的本领，也希望自己的女儿能够有这样的天分，学习就会轻松很多。

没有先天的记忆优势，没有关系，后天培养也可以提高记忆力。接受科学合理的训练，掌握有效的记忆方法，在短时间内记住所学习的知识是没有问题的。

列夫·托尔斯泰曾经说过，知识，只有当它靠积极的思维得来，而不是凭记忆得来的时候，才是真正的知识。

记忆，不是单纯地死记硬背，而是凭借思维方式的训练来记住知识。这种记忆与单纯的死记硬背的不同之处在于，凭借正确的思维方式记住的知识，让学习变得更加轻松。

沛沛小的时候总是丢三落四的，与同龄的孩子相比，似乎她懂得很少。起初妈妈对这件事情不以为然，觉得女儿还小，估计是贪玩的原因，所以很多事情记不住。沛沛上幼儿园了，每天接沛沛回家，妈妈都有意识地问沛沛幼儿园发生的趣事，沛沛很少能说出来。妈妈对沛沛的记忆力开始担忧了。

怎么样才能让沛沛提高记忆力呢？

第二天早晨，妈妈送沛沛去幼儿园，路上对沛沛说："沛沛，从今天开始，每天放学回家给妈妈讲一个幼儿园发生的故事好不好？"

沛沛说："好呀。我总是听妈妈讲故事，现在我也给妈妈讲故事。"

沛沛蹦蹦跳跳的，很开心。

沛沛放学了，看见妈妈在幼儿园门口等她，高兴得不得了。她跑到妈妈面前，牵着妈妈的手说："妈妈，妈妈，今天幼儿园发生了有趣的事情，我讲给你听。"

沛沛继续说："今天老师带着我们去公园了，看到各种各样的花。"

"去公园了？"妈妈问，"你们那么多的小朋友，是怎么过马路的呢？"

沛沛想了想，说："老师领着我们排队过马路的。后面的小朋友拉着前面小朋友的衣服。"

"今天都看到了什么呢？"妈妈问。

沛沛说："看到好多漂亮的房子，还有树、小河、各种颜色的花。对了，妈妈，我们还玩木马了呢！"

妈妈发现，女儿不是记忆力不好，而是因为没有布置需要记忆的任务，从而忽视了生活的内容。采用这种强制性布置记忆任务的方法，女儿就能将一天的活动内容留存在大脑中，逐渐养成记忆的习惯。

沛沛的妈妈提高女儿记忆力的第一步计划奏效了，说明培养女儿记忆思维的方法是正确的。于是，便在家里给沛沛营造记忆的环境。

小孩对颜色很敏感，妈妈让沛沛将自己的玩具按照颜色分类，让沛沛说出玩具的颜色。起初，沛沛都是跑去将玩具拿过来，告诉妈妈玩具的颜色。逐渐地，沛沛不用看着玩具就能很快回答出来。接着，妈妈让沛沛找一找房间中与某个玩具颜色相同的东西，让沛沛对颜色产生深刻的印象。

沛沛在幼儿园开始学习英语了。妈妈的强制记忆训练对沛沛生活内容的记忆比较有效，可是在沛沛的英语学习方面没有发挥作用。

妈妈觉得很奇怪，也察觉到对沛沛思维的引导要灵活，针对不同领域知识的记忆需要采用不同的方法。

小孩喜欢玩耍。放学路上讲故事，在家里摆玩具，这些对于沛沛而言都是玩耍。将妈妈布置的任务当作玩耍，就能感觉到其中的乐趣，沛沛自然是很配合的。

学习英语不同。沛沛没有掌握记忆英语知识的方法，妈妈用提问的方法增加了沛沛的学习负担。沛沛觉得太有压力，更不会感兴趣，也就不愿意配合妈妈了。

晚饭有沛沛最喜欢的鱼。每次沛沛吃鱼都是妈妈帮助把鱼刺挑出去。

妈妈说："你看，吃鱼多费事，还得将鱼的刺挑出去。"

沛沛学着妈妈说："吃鱼费事。"

"妈妈，'鱼'的英语是'费事'（fish）。"沛沛兴奋地手舞足蹈起来。

就在这不经意间，妈妈突然意识到，英语可以这么学习的。

让女儿充分发挥想象力，就能记住英语了。于是，女儿需要学习的英语单词，妈妈都想办法用生活内容描述。

比如，香蕉（banana），这个单词看起来是不是像"手掌"，手掌是可以拿东西的。妈妈在白板上将这个单词写出来，然后让沛沛伸出右手，将手掌放在"香蕉"的单词上。

"是不是很像？"妈妈问沛沛。

沛沛说："是的。"

"而且，你看这个单词是不是也像一串香蕉？"妈妈继续提醒。

沛沛记住单词的样子了。

"虽然单词长得像'手掌'，却不能拿香蕉，'不拿'香蕉。"妈妈将"不拿"读得很重，让沛沛引起注意。

就这样，沛沛将这个单词记住了。

妈妈继续问："如果踩到香蕉皮会怎样？"

沛沛大笑起来，说："幼儿园的小朋友乱扔果皮，结果自己踩到了香蕉皮上，摔了个跤。"

妈妈装出目瞪口呆的样子说："好尴尬哟。"

沛沛说："是呀，小朋友们都笑了。老师说，这是乱扔瓜果皮核的惩罚。"

"好的，英语的'香蕉皮'（banana skin）就是'尴尬'的意思。"

妈妈每天用类似的方法帮助沛沛记住了很多英语单词，沛沛也逐渐学会了这种方法，记忆力明显提高了。

将对孩子的记忆训练融入到生活内容中，让记忆成为一种习惯，对强化孩子的记忆力是非常有好处的。

家长同女儿共同玩游戏，互动学习，将知识建立在行为模式上，就是在教会女儿用行之有效的方法记忆。记忆变成了很有趣的经历，学习知识不需要死记硬背，充分地发挥联想也可以做到。

家长对女儿提问是比较好的提醒方法。比如，女儿喜欢抱着卡通玩具睡觉。家长问问女儿："是谁在陪你睡觉呢？"这样做可以起到强化记忆力的作用。

经常带着女儿参加知识性的活动，比如参观艺术展览，或者听新闻等等，即便是在闲暇时间，也能让女儿接触到知识，激发女儿的求知欲，让女儿的思维更活跃。

让女孩有更好的理解力

一个人的理解力与对知识的掌握量和认识程度有关，与选择的思考角度以及思考的深度也有一定的关系。虽然理解力与智力有关，但是智力并不是决定性的因素，而是与一个人的见识有关。即便有很高的智商，如果没有学习足够的知识，没有宽阔的视野，也无法很好地理解事物的本质。所以，理解力并不是与生俱来的，而是后天学习的结果。养成思考的习惯，多用心学习，虚心向别人请教，就会提高理解力。

有的家长说，一个班级几十名学生听一个老师讲课，怎么考试成绩各不相同呢？这就是理解力的差异。不同的学生，对知识的理解程度不同，在学习成绩上就会有所体现。但理解力的提高是持续性的过程。偶尔一次获得好成绩，如果不继续努力学习，不用心思考，分析能力不够，成绩便会逐渐落后，被勤于思考的学生赶超上来。

理解是一个由浅入深的过程。面对新的知识，都是表象的理解，比较肤浅。要很快地理解新知识，就要多花时间进行分析，抓住一个知识点深入思考，还要不断扩展知识面，经历补充性思考的过程。只有这样，才能对知识深入理解、全面理解。

提高理解力需要经历培养的过程。一般来说，女孩的依赖性比较强，容易导致缺乏独立思考的能力。理解力的提高需要慢慢培养，家长要与女儿多沟通，训练女儿用正确的方式思考问题，多讲一些生活常识和身边的人和事，剖析表象背后的真实原因，让女儿经过进一步思考才能了解真相。

当女孩知道信息需要处理的时候，就能运用自己掌握的知识处理信息，理解信息。这也就是每个人对于同一个信息有不同的理解的原因。理解带有主观性。让女儿正确理解，就要注重引导女儿的思维方向。

"每个人的肚子里都有个'小闹钟'。"当妈妈这样告诉女儿的时候，女儿有些害怕了。

"天哪！肚子里有小闹钟，不是每天都会肚子疼吗？我的肚子不疼，是因为'小闹钟'没有长大吗？"

妈妈听着女儿讲的话，笑起来。

妈妈把新买的《肚子里的闹钟》绘本拿出来给女儿看。

"看看，这本书里讲的就是'肚子里的小闹钟'的故事。"妈妈翻开书，给女儿看里面精美的图片。女儿对书里面的内容产生了好奇心。

妈妈给女儿讲《肚子里的闹钟》的故事，女儿终于懂了，原来，不是肚子里面真的长有小闹钟。当肚子饿了的时候就会"咕咕"叫，好像在说："我饿了，快拿东西吃。"

当女儿听完妈妈讲的故事之后，说："我就猜到肚子里不会有小闹钟的，一定是其他的东西在作怪，原来是每天饿了的时候听到的'咕咕'声。"

妈妈说："对呀，那就是在提醒你该吃饭了，是不是像小闹钟一样呢？"

女儿点点头。

小孩学习语言的时候，不需要懂得内在涵义，知道什么时候使用恰当的语言即可。

"再见"这个词，从小孩牙牙学语的时候就学会了。当有人离开的时候，知道说"再见"。

随着孩子一天天长大，对"再见"这个词不是停留在机械地使用了，而是对其含义表示质疑。家长对女儿的语言能力培养中，适当地输入情感，就会发现，女儿的理解力甚至会超乎自己的想象。

读绘本学"再见"，让女儿对这个词有正确的理解。

女儿上幼儿园中班了，需要换个教室。离开之前，站在门口对教室中摆放的东西说了声"再见"。

这个情节与《房子，再见》绘本故事很相似。

女儿非常喜欢这个故事。刚买来这本书的时候，女儿喜欢听妈妈讲，后来，就自己讲给幼儿园的同学听。现在，自己成为了故事中的"小小熊"。

小小熊要搬家了，临走的时候也是这样做的，对着空荡荡的房子里找东西，却不知道找什么。熊爸爸也不知道小小熊忘了什么，将他抱起来。小小熊又看了看房子中的每一个角落，天花板、墙壁、料理台、后院，都看过之后，就对着空空的房子说了声"再见"。

小小熊想起来了，原来是忘了说"再见"。

妈妈对女儿说："'再见'会一直伴随着她，与奶瓶再见，过几年还要与幼儿园再见，与小学再见……离别的时候令人伤感，但是不是离开了就不会见面了，而是留存下来美好的记忆。所以，要珍惜身边的人和事，不要等到说'再见'的时候留下遗憾。"

妈妈说了这些话，女儿不是很懂，但是她明白，再见不是永远也不能见了，还是有机会见的，其中还含有感恩的意思。

如果女孩的理解力有限，家长不可以操之过急。用正确的方法引导，女孩理解力能得到很好的培养。

见多识广，理解力就会提升。家长每年都要带着孩子出去走走，看看名胜古迹，到亲戚朋友家串门，让女儿多接触同龄的小朋友，提高语言交流能力。顺畅的交流必然是建立在理解的基础上的。让女儿多接触人和事，对提高理解力非常有好处。

和女儿一块儿看书，给女儿讲故事，还要不时地问一些问题，启发女儿思考。不妨也让女儿给自己讲故事，女孩对书中的故事有正确的理解，就能生动地讲出来。家长适当地配合，让女孩讲的故事变得更加有趣。

培养孩子的逻辑思维

逻辑思维是理性思维，对于事物的认识不再局限于直观获得的信息，而是从概念的角度进行判断，之后根据获得的信息进行推理，对事物的本质有所认识。

小孩在3岁之前是用动作表达自己的思维的。在成人看来，孩子的动作似乎没有目的，其实，小孩的动作所表达的就是心里的想法。

小孩从3岁到6岁运用的是形象思维方式，看到事物的形象便会思考问题，但是不具备空间感。这个年龄段的小孩在做数学题的时候，用实物操作的方法效果会更好。比如，"3+2=？"家长让孩子拿出3支铅笔，再拿出2支铅笔，之后让孩子数一数一共是多少支铅笔。孩子有了动手的机会，语言表达能力也能得到培养。

当小孩到6岁至11岁的时候，就进入到逻辑思维的启蒙期。家长要注重对孩子采用正确的思维训练方法，让孩子独立思考，培养孩子的思维习惯。

家长培养女儿的逻辑思维能力需要费一番心思。当女儿6岁的时候，就要注意让女儿尝试着自主解决问题，家长发挥指导作用。

天气晴好，爸爸带着萱萱到附近的广场放风筝，萱萱高兴得蹦起来。

她盼着这一天已经很久了，今天终于如愿了。

到了广场，爸爸让萱萱双手托着风筝，自己在前面跑，很快，风筝飘起来。萱萱跟在爸爸的后面，拍着小手大声喊着："飞起来了啦！"

当风筝在天空中稳定之后，爸爸走到萱萱身边，问："为什么风筝会飞起来？"

萱萱看过《超级飞侠大百科》，毫不迟疑地回答："因为有空气让风筝漂浮在空中。"

"可是你看，让风筝飞上天，需要爸爸跑起来，这是为什么呢？"

这可把萱萱难住了。

萱萱跑起来，头发在风的带动下飘了起来。围着爸爸跑了一圈之后回到爸爸身边，说："爸爸，我知道啦，是有风。跑起来的时候，风就变大了。电风扇转起来，周围的风就变大了，一样的道理。"

萱萱说出这个想法让爸爸很意外，他意识到女儿确实懂了很多。

爸爸并没有评价女儿的回答正确与否，而是对女儿的思考给予了肯定："我的萱萱好聪明呀，非常棒。"

萱萱非常高兴。

当风筝飞到一定高度的时候，就不再飘来飘去了，基本上保持静止状态。爸爸说："你看，空气把风筝托住了，稳稳的。风筝是用绳子拽住的，当向前跑的时候，风是向后吹的。风阻挡着风筝，空气向上托起风筝，风的阻挡也变成了向上的力量，两股力量合在一起，风筝很快就飞起来了。"

爸爸把风筝收回来。这一次，让萱萱放风筝。爸爸手里面托着风筝，萱萱快速地向前跑着，爸爸把风筝向天上一抛，风筝便飞起来了，虽然不是很高。萱萱跑得都出汗了，可还是很开心。

培养女孩的逻辑思维方式，日常生活中的引导是比较好的方法。对于孩子而言，生活中有很多问题，因为多是家长帮助解决的，就懒于自己思考了。

当女孩超过6岁的时候，家长就要着重培养孩子的逻辑思维了，这是分析问题的基础，也是理解抽象事物的有效途径。

爸爸和萱萱放风筝，并不是单纯地带着女儿出去玩，而是让女儿在玩乐的过程中学习知识。关于风筝飞起来的知识是比较抽象的。如果仅仅凭借理论性的讲解让女儿理解，似乎很难。即便女儿想象力丰富，受到知识面的局限，也不会对相关的知识有清晰的理解。让女儿一边体验一边思考，女儿很快就能体会风筝飞起来的奥秘。

也许萱萱并不知道自己所学到的是非常重要的知识点，当她进入中学阶段开始系统学习物理学中关于力学的知识的时候，现在所学到的就变成了基础。

女孩比较感性，对于事物的理解也是如此。抓住生活中任何可以培养女孩逻辑思维的机会，让她寻找解决问题的规律，掌握一些生活小技巧，女孩的思考力就会逐渐增强，对今后的学习也是非常有帮助的。

学习是知识和技术的集合体。仅仅掌握知识是不够的，还要学会运用知识，运用知识就是技术性的。所以，学习靠死读书不仅很累，而且学习质量不好。运用有效的学习方法读书，就是根据自身的各种条件找到适合自己的学习方法，从知识中挖掘规律，对于所学习的知识就能做到举一反三、触类旁通。这些都需要具备逻辑思维能力。

女孩的逻辑能力强，在学习上巧用方法，就能够达到事半功倍的效果。

家长在日常生活中与女儿多交流，了解女儿的思维模式。学习需要互动，家长要营造轻松的互动环境，让女儿感到轻松自在。在家庭生活中或者户外活动中，家长有意识地问女儿一些问题，让女儿思考。女孩在回答问题的时候，有的时候是凭借直觉的。为了避免被女儿的"小聪明"蒙蔽，就要多问几个"为什么"，从一个基础问题出发，让问题不断深入，无限扩展。虽然问题是围绕着一个知识点展开的，但是要涉足不同的领域，引导女儿从多个角度思考问题。孩子在思考问题的过程中，视野也会扩展，而且对于相关的生活内容以及科学内容都充满了好奇心，由此激发了女儿的探索欲望。

家长与女儿的互动，用游戏的方式体现出来是比较好的，女儿会更加放松一些，思维能力渐渐地增强。比如，把女儿的包包藏在一个小箱子里，将小箱子放在大一些的箱子里，再将这个箱子放入更大的箱子里。告诉女儿，下午要出去玩，将自己的包包准备好，带好需要带的东西。可想而知，女儿找包包的行动开始了。家长可以适当地指明方向，避免女儿盲目寻找。当女儿打开一个又一个箱子，终于找到自己的包包的时候，就要告诉女儿：相信自己，确定了目标的方向之后，只要一直走下去，成功就在前面。女儿准备物品的时候，让女儿对物品进行分类，分别放在包包中不同的位置，用的时候就能够很快拿出来。这些事情看起来很平常，但对女孩逻辑思维能力的培养却非常有帮助。

利用课外知识充实课内知识

女孩要有自主学习能力，才能将属于自己的知识结构建立起来，根据自己的需要调整学习方法。学习的途径有很多，除了课内学习之外，课外学习也是必不可少的。将课堂学习与课外活动建立起关联性，通过活动的方式让自己获得更多有益于课堂学习却在课堂上无法获得的知识，学习就变得更加灵活，还可以开发出更多的学习途径，掌握更好的学习方法。

严老师是初中的物理教师。为了让学生更好地理解物理知识，认识到物理知识的重要性，决定采用引导学生学习的课外教学方式，让学生对物理学有正确的认知。

在上课之前，严老师通知班级所有的学生利用休息时间查阅与课堂教学内容有关的资料，可以上网查找，也可以到图书馆查找，做好读书笔记。

这一次的教学内容是与环境污染有关的物理知识。同学们第一次接触这种学习方式，都非常有兴致。

学生们查阅了资料之后，还不忘做笔记。笔记的内容五花八门，都与污染有关系，但是造成污染的有关物理知识并不是很多。当严老师看到学生们的笔记之后，就已经知道学生们需要哪些物理知识了。

课堂教学中，严老师让学生讲一讲查阅资料的经过和感想。很多学生表示，以前没有想过环境污染与物理学有这么密切的关系，也没有想到现在的环境污染会这样严重。

郭仪是课外活动的小组长，她说："我们生活中处处都是物理学知识，空气、交通、建筑，还有做饭等等。原来我们是生活在物理世界中的。环境污染也与物理学有关，而且我们不经意的行为就已经对环境造成了污染。"

学生们的思想闸门打开了，各种想法涌现出来，很多的知识甚至是严老师所不知道的。

严老师说："请同学们讲一讲能想到的与污染有关的物理现象。"

学生们相互讨论着，总结出几个比较有代表意义的答案。

城市的噪声污染很严重，我们在学校不觉得，走到街道上，特别是正在施工的地方，如果长时间听噪声，就会有不舒服的感觉。

现在人们都使用手机、电脑，产生的辐射对人体是有危害的。

焚烧垃圾产生的烟尘污染空气。

机动车排放的尾气中含有毒害物质，威胁到人体的健康。

废水没有经过处理就直接排放到河流中，导致水里的生物死亡，饮用水受到污染，危害就更大了。

严老师感觉到，学生们这一次查资料的收获不小，很多社会现象甚至是自己没有关注的。

当进入课堂教学环节的时候，讲课的内容都是围绕着学生不理解的物理概念以及学生质疑的物理现象等等问题展开的，特别是物理现象与污染问题之间的关系，严老师进行了着重讲解。课堂上所使用的案例都是学生查阅的资料。课堂上，学生都在注意听讲，因为严老师讲的内容正是他们所感兴趣的。

严老师还利用休息时间带领学生到科技馆参观，到开放的图书馆看书，让学生感受知识的魅力。

在开放图书馆中，严老师并不要求学生一定要阅读与物理学相关的书籍，而是鼓励学生阅读科普读物，探索科学的奥秘，培养学生的科学思维。

学生要学好知识，教师的教学方法非常重要。采用课外教学活动的方法，可以让学生打破固有的学习模式，灵活地调整思维方法，激发学生的学习主动性。

如果没有条件开展课外教学活动，教师也要在课堂教学中积极引入课外知识，打开学生的思考空间，让学生自主思考问题，对所掌握的知识具备一定的应用能力。

利用课外知识充实课内知识，不仅老师能做到，家长也能做到。当学生进入到初中阶段，家长更加关注孩子的学习了，对女儿的监督会更加严一些，如果不是上学，就不会让女儿外出，要求她在家里抓紧时间学习。

家长要认识到，课外教育是女孩成长的关键。女儿在上学期间需要学习的不仅是课内知识，对于教学知识的理解，仅仅依赖于教师的讲解是远远不够的，让女儿多接触外面的世界，多学习课外知识，长长见识，扩展视野，更有利于对课堂知识的理解。

一些家长认为，女孩进入到初中阶段正好是青春期，如果不看管住，容易学坏，所以，尽量不让女儿接触外面的环境。殊不知，女孩在封闭的环境中学习，思想就会变得狭隘，一旦有机会接触外面精彩的世界，很有可能冲破家长的束缚，逆反情绪非常强烈。

有机会让女孩参加知识类的活动，闲暇时间看课外读物放松自己，让女儿的情绪和心境都得到放松，才能有效学习。

家长也要适当给女儿自主的空间，引导女儿对自己不理解的知识大胆猜想，然后多方查阅资料证实猜想的正确性。家长要给女儿以支持，不妨提出自己的想法让女儿思考，找出想法中的不合理之处，论证为什么不合理。一旦女儿的兴趣被激发起来，就会继续挖掘问题，深入思考。

9
Chapter

第 9 章

沟通，自查自省

曾子曰："吾日三省吾身，为人谋而不忠乎？与朋友交而不信乎？传不习乎？"

人每天都要自我反省，检查自己的过错，知道自己有哪些错处，及时纠正。人都有缺点，也都会犯错误，不断地认识错误和改正错误才能完善自我，从而使人格得到提升。

有家长说，女儿很自私，不知道考虑父母的感受。家长所说的这个"自私"我想不是唯利是图的意思，而是女儿不听话，让家长很操心。

每个人都崇尚自由，这是人的天性。女孩有自己的想法，希望对自己的行为有自主支配权，对于生活有自我选择权。家长认为女儿不理解他们的用心良苦，觉得自己培养女儿，为女儿做了很多却没有得到女儿的理解，感到很伤心，于是将女儿自我的行为定位于"自私"。家长不要忘了，女儿从小到大是自己培养的，对于"自私"的女儿不甚了解，是不是沟通上存在问题，或者培养的方式存在不当之处。与女儿沟通，从女儿的角度分析问题，理解女儿，女儿才能理解自己。

批评的内容要具体

孩子犯错误了被批评，孩子是如何想的呢？家长和老师批评孩子过后，想的最多的是孩子知道自己错了，以后就不会犯类似的错误了。可是，让家长和老师都很意外的是，孩子依然会犯同样的错误，于是，家长和老师认为孩子屡教不改就是一种挑衅，大发雷霆，不仅批评，甚至以武力威胁。

孩子是有思想的，被批评了，一定有自己的想法。我曾经问过被批评的女孩："被家长或者老师批评后会怎么想？"

女孩回答："能怎么想，这次倒霉被抓到了，下次争取不被抓到。"

"我的天哪！"我听到女孩说出这些话的时候，只能叫"天"了，好像女孩不知道自己错了，而是认为自己输了，下次一定要"赢"，好像在与家长、教师玩游戏一样，而且还很执着。

家长的批评和责罚是为了让女孩改过自新，而女孩不知道自己的作为是错误的，因为错了才被批评。

苏联教育家赞可夫曾经说过：当你满腔怒气要发作的时候，要先克制几分钟，想想自己是老师，这样你就能平静下来了。的确是这样，父母是孩子的第一任老师，父母的一言一行、一举一动都会对孩子产生深远影响。

在批评女孩的时候要理性。虽然女孩比较敏感，知道被批评是因为自己错了，可往往面对批评一脸懵懂，自己错了，却不知道错在哪了，也不知道如何做才是对的。

淘气是孩子的天性，女儿也会淘气，只不过在家长不在的时候偷偷地淘气。

一天，我带着女儿到朋友家做客。朋友住在一楼，自己家有个小花园，种了许多的花，还有葡萄树和李子树。

我们到朋友家，女儿就跑到小花园里面去玩。正是果树开花的季节，女儿看着树上的花朵，眼睛都不愿意离开。

女儿说："妈妈快来看呀，果树开花好漂亮呀！"

我走到花园里，女儿说："妈妈抱抱我吧，我想离花近一些，闻一闻花香不香。"

我怕女儿摘花，就说："这是阿姨家，不是自己家，不能那么随便。"

朋友一边与我们聊天，一边给果树和花浇水。小花园里面湿漉漉的。

这时电话响了，我回到房间拿起电话，原来是单位有事情需要我下午去。

女儿虽然玩得意犹未尽，也只能跟我一块儿回家了。

过几天，我和这位朋友聊天的时候，说起我女儿，她说："你女儿是很可爱的孩子，那天给花园浇水，地上有几个小水坑，趁着你接电话的时候，自己还到小水坑里面踩水玩呢。看见你回来了，马上站到果树边看花去了。"

这时我才知道，女儿很乖，却也有调皮的时候。如果朋友不说，我还不知道呢。

这件事情我一直都记在心里，没有跟女儿提起过。

女儿读小学三年级才开始学习英语，起步很晚。学校上英语课，女儿有些跟不上进度，我每天都抽出一点时间给女儿讲英语，只要是休息，就用半天的时间给女儿上英语课。

这一天是周日的上午，女儿最好的朋友来电话了，找女儿出去玩。

女儿跟我商量，可不可以先出去玩，下午再学习。我说："今天应该学习的单词和语法一定要学会，否则不能出去玩。"

女儿哭了，说："下午她要去舅舅家，没人跟我玩了。"

我说："今天应该学会的知识一定要学会，一天都学不会，今天就不用出去了。有哭的时间，为什么不利用起来专心学习，学会了，就可以早点出去玩了。"

女儿不哭了，给好朋友打电话，告诉她做完功课才能玩。

回来坐在桌子旁，学习很认真。女儿很聪明，记忆力好，很快就把当天的学习任务完成了。我还让她做了几道练习题，都做得很好。

女儿看看时间，还不到十点呢，就开心地跑出去找好朋友了。

中午，女儿回家吃饭。我对女儿说："学习的时候一定要注意力集中，学习效率提高了，学习的时间就能缩短，你就有更多的时间做其他的事情了。"

从那以后，女儿在学习上没有提出额外的条件，养成了先做完功课再做别的事情的习惯，学习很专心。

孩子贪玩，做功课不用心，家长对孩子的不当行为就要提出批评。批评的时候要指出她的哪些做法是错误的，需要改正，还要告诉她改正错误之后会有什么好处。当女儿认识到自己的错误的时候，就能引以为戒，下次不再犯了。

当女孩有错误的时候要批评，不要怕女孩哭。批评是对女孩的帮助，让她克服不良习惯。有些家长会说："我女儿很聪明，一点就透。"我想未必，聪明和理解力不是一个概念。聪明的女孩很容易犯错误，因为她能用小聪明的方法让自己躲过惩罚。恰恰是侥幸心理让她一犯再犯。

女孩很会哭，"会哭的孩子有糖吃"。家长要告诉孩子，错了如果不改正，哭也一样没有"糖"吃的。

对女孩的批评要理性，不能伤害女孩的心灵，而是直接指出女孩的错误，告诉她这么做是不对的，需要改正。带着情绪批评女孩，甚至将女儿当做"出气筒"，将女孩的逆反心理激起来，就很难管了。

家长批评女孩的时候，要控制好自己的情绪，不要到处宣扬。

英国作家洛克曾经说过：对儿童进行批评时，要在私下里执行；对儿童的赞扬，则应当着众人的面进行。儿童受到赞扬后，经过大家的一番传播，意义会很大，他会以之为骄傲和目标，并在以后的岁月里努力去获得更大的赞扬。而当众宣布他的过失，会使他无地自容，会使他失望，因而父母制裁他的工具也就没有了。

家长批评女孩的时候，控制好自己的情绪，平心静气地与女孩交流，她才可能听进去话，并对家长的话认真思考。

美国教育家塞勒·塞维若曾经说过：父母批评教育子女，靠强制压服是行不通的，只有给孩子充分的说话机会，他们才能剖析自己的行为，触及灵魂的最深处，才可能使其心服口服。

批评女孩的时候，要注意与女孩交流，让女孩说出自己的想法，了解她犯错的原因，才能让批评更有针对性，更有说服力。

批评女孩的时候要语言简单，对事不对人，更不要上纲上线。比如，女儿一边吃饭一边看手机，家长就要告诉女儿不应该这么做，一心不可二用。如果家长浮想联翩，将女儿其他的不当行为如放电影一样地说出来，虽然女儿不会反驳，心里也满不在乎。批评要就事论事，针对性强，讲明批评的内容，还要维护女儿的自尊。

以朋友的身份开导女儿

每个人的生命都是一样的，没有什么不同，所以要相互尊重。家长是孩子的领路人，也要同孩子一起成长。家长要看懂孩子的世界，就要蹲下来，保持和孩子一样的高度，从孩子的视角看世界，慢慢地，就能懂得孩子的想法。

家长能蹲下来与孩子讲话，这是很难得的。此时，孩子面前的家长不再是一个巨人，而是语气语调更加和气的长辈。家长直视孩子的眼睛说话，拉近了双方的距离，孩子感受到了家长的尊重，也乐意与家长沟通。

在英国的一个幼儿园里，有个小朋友大声地哭着，幼儿园的老师安慰着这个小朋友。这名小朋友叫杰西卡，4岁了。事情的原委是这样的：

午睡之后，幼儿园老师带着所有小朋友到户外活动，之后将教室的门锁上了。小朋友们排着队到户外的草坪上，围成圈儿坐下，老师数了数人数，"怎么少了一个小朋友，难道是被锁到教室里了吗？"老师自言自语着。老师让小朋友坐好不要动，打电话找来一名工作人员帮助照顾这些小朋友，自己飞快地跑回教室，还没到教室门口就听到里面传出来的哭声了。这是杰西卡的声音，这个孩子被落下了，一定是吓坏了。

当老师看见满脸泪水的杰西卡的时候，蹲下来向杰西卡道歉，还用毛巾擦去孩子脸上的泪水。可是，这个小姑娘怎么也无法停止哭泣，喊着要找妈妈。老师给杰西卡的妈妈打电话，说明了情况。没多久，杰西卡的妈妈来了。走进教室，此时杰西卡已经哭得精疲力尽了。老师拿着各种玩具哄她，可是杰西卡并不配合，不断地流泪。

面对杰西卡的妈妈，老师满脸歉意，说："这个班级的小朋友比较多，我要带领他们到操场的草坪上玩游戏，没想到将杰西卡落下了。到草坪上数人数，少了一位，我就赶快回来找她。她一个人被锁到教室里，一定是饱受惊吓了，已经哭了好长时间了，哭得很伤心。"

妈妈知道了事情的来龙去脉，就蹲下来对杰西卡说："现在没有事了，老师看不到你的时候，已经非常紧张了，回来看到你在教室里哭，更是难过。老师不是故意的，快去抱一抱老师，安慰一下伤心的老师，告诉她，你是个勇敢的孩子，不会再哭了。"

杰西卡不再哭了，看了看蹲在妈妈旁边的老师，走到老师面前，伸出双手抱着老师，还在老师的脸颊上亲了一下，说："已经没有事了，我不再哭了，我是个勇敢的孩子。"

杰西卡因为被一个人锁到教室里而哭泣，妈妈知道这件事情之后，没有责备老师，也没有大声制止女儿的哭泣，而是蹲下来给女儿讲道理，就好像是女儿的朋友一样，还让女儿安慰正在伤心的老师。

妈妈没有施展家长的权威，而是像女儿的朋友一样开导女儿，教会了女儿对过去的事情释怀。

在生活中，受到伤害是不可避免的。当女儿因为受到伤害而哭泣的时候，或者做错事情的时候，家长要与女儿处于平等的地位开导女儿，让女儿知道这些都是无可厚非的小事情，不用计较。如果总是记忆犹新，只会让自己增添很多的烦恼，生活中就少了很多的快乐。

家长与女儿平等相处，女儿在民主的家庭环境中长大，更容易有宽容之心。家长在女儿面前不是高高在上的，而是更加亲切，女儿有心里话也更愿意与家长交流。家长如果是爱着自己的女儿，就要像朋友一样对待她，在开导女儿的时候，像朋友一样地与女儿交流，给女儿讲话的机会，让女儿表达自己内心的感受，聆听女儿的想法。

家长对女儿要予以尊重，从女儿的视角看问题。虽然女儿年龄还小，但是她也是有思想的；虽然女儿的世界与自己不同，但毕竟是在同一个屋檐下生活。家长要承认女儿的与众不同，尊重女儿的个性，接纳女儿的不足。

教育女儿的时候一定不要大吼大叫，让女儿战战兢兢。虽然女儿服从了家长，但心理上会蒙上一层阴影，而且开始讨厌家长。给女儿讲道理，让女儿说明犯错的原因，与女儿平等地交流，眼神要柔和，语气中充满爱意，避免女儿产生对抗情绪。

如果女儿屡教不改，就要适当严肃起来教训女儿，但是要把握分寸，不能居高临下。

认真辨别孩子的要求

现在的家长在孩子教育方面存在一个普遍现象，就是有求必应，只要孩子有需要，就竭尽全力满足，孩子开心就好。家长认为，付出就能博得孩子的喜欢，将来孩子也能以同样的方式对待自己。其实，这种想法是大错特错的。如此对待孩子的要求，对其成长非常不利。

家长对女儿提出要求的合理性要认真辨别，不合理的要求要坚决拒绝，明确不合理之处以及对她产生的错误影响，让女儿知道，类似的要求家长一定不会满足。对于合理的要求，可以让女儿通过努力自主获得，当女儿感到力不从心的时候，家长再提供帮助。家长满足女儿的要求时，要坚持原则，对提出的要求充分了解，确认女儿确实需要的时候才能提供。让女儿明白，家长不是请求帮助就一定答应的，而是在必要的时候才会提供帮助。

小孩从3岁开始就有了自我意识，也萌生了自主愿望，只要心里想到的，就要提出来，不考虑是否合理。如果家长不答应，就吵吵闹闹，哭起来没完没了。如果家长服软了，以后孩子只要有要求，就会采用这种套路，慢慢就养成了任性的毛病。

娇娇在3岁的时候喜欢吃零食，每次带她出去，无论是逛公园，还是逛超市，都要买零食。妈妈为了不让娇娇吃太多的零食，对娇娇说："买零食可以，但只能买一种，否则以后就不带你出去了，自己在家老老实实地待着。"

娇娇当然不愿意待在家里了，多无聊呀，就答应了妈妈的要求。小孩自己答应的事情过后就忘了。一次，妈妈领着娇娇到公园玩，在公园门口买了冰淇淋，吃得很开心。进到公园里面玩，看到各种小食品，又吵着要吃。

妈妈说："不是说好了只能买一种零食吗？否则以后再也不带你到公园玩了。"

娇娇想了想，说："这些零食一定很好吃，买了不在公园吃，回家我们一块吃好不好？"

"回家了可以到超市去买，在公园不能再买了，这是你答应的哟。"妈妈说。

娇娇不再讲条件了，在公园里也很听话。

转眼儿童节到了，每年儿童节，妈妈都给娇娇买一件新衣服。幼儿园要组织创意展示活动，服装不限，展品不限。

妈妈问："儿童节到了，娇娇要穿什么样的新衣服呢？"

娇娇说："我要穿漂亮的裙子，还需要买一件玩具。"

妈妈问："为什么买玩具？"

娇娇说："我要参加幼儿园创意展示活动。"

妈妈说："既然是创意展示，就应该自己创作才对，买来的就不是自己的创意展品了。你有很多玩具，我们可以把你的玩具改装一下，拿出去展示，是不是很好？"

给娇娇买了新衣服之后，妈妈让女儿将她最喜欢的布娃娃玩具找出来。娇娇选了好长之间，将一个毛毛熊拿到妈妈面前。

"给毛毛熊穿上漂亮的衣服吧，让毛毛熊更漂亮一些。"娇娇说。

妈妈找出娇娇不穿的旧衣服，与娇娇商量如何改为适合毛毛熊穿的衣服。

"娇娇，给毛毛熊穿的衣服得怎么改呢？"妈妈问。

娇娇说："毛毛熊的前面要有漂亮的蝴蝶结，后面还要背个小包包。"

妈妈说："我来做蝴蝶结，你去给毛毛熊找个小包包。"

娇娇找来一个双肩背，是买零食赠送的，很小，却很精致。可是，毛毛熊胖胖的，双肩背的背带太短，背不上呀。

妈妈把衣服简单地改了一下，前面缝上漂亮的蝴蝶结，给毛毛熊穿上，还挺合适。

"可是，包包怎么办呢？"娇娇有点发愁了。

妈妈让娇娇自己想办法。

娇娇想了一会儿，说："要不，把包包缝在衣服的后面吧。"

妈妈按照娇娇的想法缝上包包，然后给毛毛熊穿上衣服。

娇娇非常开心，大声说："好可爱的毛毛熊呀，今晚我要抱着它睡觉！"

儿童节那天，女儿穿着自己的新裙子，将自己的玩具展示出来，老师对娇娇的创意提出了表扬，还送给娇娇一个小玩具作为奖励。

女儿提出要求的时候，家长要对要求作出判断。不合理的要求要拒绝，合理的要求，也要有原则地答应。

娇娇可以吃零食，但是只能买一次，这是家长提出的要求。娇娇要买新玩具，家长认为这个要求是不合理的，因为家里还有很多玩具。于是，家长就用转移注意力的方法，让娇娇给旧的玩具以新的创意。娇娇的注意力被引向正确的轨道上来，还培养了孩子的思考能力和动手能力，让孩子更有成就感。

家长对孩子的要求要进行辨别，有益于孩子的要求，可以有条件地答应，不合理的要求一定要拒绝，不要因为心疼孩子就对孩子妥协，注意对孩子正确行为的引导。

对女儿所提出的要求要以理服人，让女儿知道为什么被拒绝，还要让孩子知道这样做是对她好，并不是家长不喜欢女儿，而是家长的责任所在。

小孩只要接受过良好的教育，就比较明事理，讲明道理，她就会很听话。但每到节假日的时候，女孩容易提出更多的要求，家长不能因为过节，为了让她高兴就什么都答应，对各种要求都要进行判断，不合理的要求绝对不能答应，让女孩知道，即便是过节也不能放宽原则。

倾听女孩的心事

教育不仅是教书，还要育人。如今家长关心女儿，主要是关心女儿的读书，更看重考试成绩，对女儿学校发生的事情、女儿的情绪都不会太过关心。女孩的健康很重要，不仅是身体健康，还有心理健康，后者是很容易被家长忽视的。当家长关心孩子学习成绩的时候，一定要时刻关注孩子的心理，特别是女孩，对外界环境敏感，心思重，有想法不愿意说出来。如果家长忽视了女孩的心理想法，当女孩感到困惑的时候，得不到家长的理解，就不再愿意与家长沟通了。

悠悠今年读初中二年级，晚上吃过饭，她总喜欢说一些班级里发生的新鲜事，而且说得很开心。可是，父母平日工作很忙，对悠悠说的这些事情比较反感，经常打断悠悠的话，说："这些都不重要，说一说你今天在学校的学习情况。"

妈妈几乎每个学科的学习情况都问，好像让悠悠汇报工作一样，各个细节都不能落下。悠悠说着班级里面的事情，正兴致勃勃的呢，转而说起学习上的事情，觉得很扫兴。

悠悠每天晚上回家都要汇报，觉得很没趣。特别是考试前后，父母最关心的是老师如何带领学生复习，学习的内容都有哪些，考试成绩怎么样，丢分的题是不会还是马虎等等。悠悠越来越不愿意"汇报"了，有的时候就干脆编给父母听。

考试之后，悠悠的成绩令父母满意，父母就非常高兴，给悠悠买这买那作为奖励，让女儿继续努力，争取更好的成绩。如果女儿的成绩不理想，对于悠悠而言，简直如噩梦一般。父母轮流给悠悠做工作，针对错误的题找要原因，连续几天都要很晚才能睡觉。悠悠上课的时候难以集中精力，感到身心疲惫。

有一天，悠悠对妈妈说："同桌是我最好的朋友。最近和同桌的关系不是很好，她好像对我有意见，不愿意理我。"

妈妈说："这都不重要。不理也挺好的，省得你们两个总说话，影响学习。"

悠悠觉得，除了学习方面的事情，与父母已经没有可以交流的话题了。

突然有一天，悠悠的父母发现，女儿的话越来越少了，每天饭后说几句学校的事情，就自己回到房间不出来了。这种状态持续大约一个星期，直到悠悠在家里不再说话了，父母才发现悠悠不再是健谈又开心的女儿了。

每天都是父母问一句，悠悠就回答一句。而且，悠悠在回答问题的时候，话语简单，几乎说不到重点，有的时候甚至答非所问。悠悠不再主动说话了，而是闷头吃饭，吃过饭就回到自己的房间。

妈妈敲门要与悠悠谈谈的时候，悠悠就会说自己在学习，没有时间谈话。

一天，悠悠的妈妈接到老师的电话，让她抽时间到学校来一下。妈妈放下工作就到学校去了，她感觉到女儿一定是在学习上出现问题了。

见到老师就急着问："悠悠是不是学习表现不好了，成绩下降了吧？"

老师说："悠悠的成绩向来很好。这个孩子很听话，学习自觉而且努力。我让您来是要谈一谈她和同桌打架的事情。"

"什么？打架？"悠悠的妈妈有点蒙了。她不相信，自己的女儿竟然会和同桌打架。

老师说："悠悠在学习方面是不用人操心的。我发现自从初二以来，她对同学们很冷漠，也不喜欢和同学在一起。昨天的自习课上，同桌给后面的同学讲题，悠悠很生气，说声音太大了，已经打搅到她了。同桌辩解了几句，悠悠就打了同桌。"

妈妈此时想起女儿曾经说过与同桌相处不好的事情，对老师说："悠悠说过与同桌的矛盾，我们觉得这不重要，就没有在意。"

老师说："家长关心孩子的学习是对的。但是，对孩子的心理变化也要及时了解，学习重要，心理健康更重要。悠悠的性格越来越孤僻了，有时间带着孩子多出去走走，多聊一些让孩子开心的事情。"

"可是，悠悠现在已经不愿意和我们说话了，即便是我们问，她也一脸的不耐烦。"妈妈说。

老师说："那是你们问的话是她不感兴趣的。出去走走玩玩，让她开心一些，就逐渐敞开心扉了。孩子一定有心理话要说，父母是他们最亲近的人，如果父母不愿意倾听，他们就会憋在心里，时间久了，后果会很严重的。"

妈妈听了，有些害怕了。没想到自己太关注女儿的学习，反而没有认真倾听女儿的心事，会影响女儿的健康成长。

一些家长每天为家庭生活而奔波，希望女儿能更有出息，因此，更关心女儿的学习，其他的事情都不愿意过问。悠悠的父母即是如此，她们只关心女儿的学习，不愿意静下心来听女儿的心事，对于他们而言，除了学习之外，其他的事情都无关紧要。

女儿的成长历程中，学习是一个方面，健康才是最重要的。身体要健康，心理更要健康。

每天抽出半个小时的时间听一听女儿的心声，理解女儿的心理想法，帮助女儿解决一些矛盾问题，让女儿不再有心理压力。

对于女儿而言，父母应是最值得信任的倾诉对象。如果家长愿意倾听，做女儿的好朋友，女儿就更加愿意敞开心扉。让家长知道自己的想法，向家长求助。

但很多时候，青春期的孩子宁愿向同样青涩的同学倾诉，也不会对家长敞开心扉。某媒体曾在一所小学做过问卷调查，结果显示，超过80%一年级学生愿意将心里话讲给父母听，而对于已经进入青春期的学生来说，他们中超过80%的人更愿意将心里话讲给同学听而非父母。

家长一定不要以为，女儿将全部精力用于学习中，没有时间想其他的事情。女孩的内心世界是很丰富的，即便学习很紧张，也会用想心事的方式调节自己。如果存在心里矛盾而无法解决，就成为一种心理负担。女孩带着心理负担学习，怎么能学得好呢？

父母要耐心听女儿说话，即便是不赞成女儿的想法，也要接纳女儿的这种行为，让女儿的情感释放出来，为沟通创造条件。

教育女儿的时候，要知道女儿在想什么，那就从倾听开始吧。女儿说的话，家长随时倾听，有了烦恼愿意和家长说。家长在倾听女儿心事的时候，要表情平静，眼睛平视，身体向女儿靠近一些，而且不要插话。当女儿停下不再继续讲的时候，父母要引导女儿说下去。比如，"你的意思我明白，可是……"让女儿知道，家长对她的话很感兴趣。当女儿的讲话内容不是很清楚的时候，让女儿举例说明，还可以培养女儿的表述能力。

倾听女孩讲话的时候，要从女孩的角度出发，对女孩的讲话要尊重。了解了女孩的心事后，针对她没有解决的问题进行探讨，引导孩子动脑筋，用正确的方法解决问题。

给委屈的女儿一个拥抱

女儿委屈了，家是最好的避风港，家长能给孩子以力量，让孩子有勇气面对一切。同时也要让孩子记住，可以哭泣，但是不能软弱，眼泪擦干了，还要带着微笑继续走自己的路。人生的道路曲折蜿蜒，怎么不会受伤呢？女孩受伤了，委屈了，父母是最值得信任的人，也是最安全的港湾。

美国著名的心理学家赫洛德·傅斯博士曾经说过：拥抱可以消除沮丧——能使体内免疫系统的效能上升；拥抱能为倦怠的躯体注入新生命，使你变得更年轻，更有活力。可见，人与人之间的沟通，最好的方式是默默无声的身体语言，人在委屈的时候需要一个拥抱，这是本能，没有理由，却能够在拥抱中感到温暖，得到安慰。

女儿很小的时候，父母喜欢抱着她，让女儿感觉到父母是爱她的，有父母的保护就不会受到伤害。当女儿渐渐长大，需要独立了，父母就不要再过多地拥抱女儿了。

女儿长大需要独立，但这种独立首先是精神层面的，因为女儿需要与妈妈接触，需要从妈妈的肢体语言中获得力量，也需要爸爸的拥抱赋予的力量。

王静妹已经7岁了，每天上床睡觉之前还需要妈妈的拥抱。妈妈说："静妹长大了，怎么还需要妈妈的拥抱？"

静妹说："妈妈身上的味道很香，闻到妈妈的味道，睡觉很踏实。"

一天，静妹哭着回家了。妈妈正在厨房做饭，听见了女儿的哭声，问女儿："这是怎么啦，老师批评你了，还是同学欺负你了？"

静妹边哭边说："在楼下遇到一只大狗，看到我就扑到我身上来了，好吓人呢！"

妈妈知道女儿从小就害怕长毛的小动物，说："狗狗伤到你了吗？"

静妹说："没有伤到，就是闻呀闻的，想起来好害怕。"说着，静妹走到妈妈身边，抱着妈妈大声哭起来。

妈妈感到女儿的身体在抖动，确实是被吓倒了。妈妈拍拍女儿的后背说："那是狗狗喜欢你，希望和你来个大大的拥抱。"

静姝说："我当时真的不知道该怎么办才好。好在它家主人把狗狗叫回去了，还道歉说没拽住绳，就让狗狗跑了。"

妈妈说："狗狗认识你了，以后就不会这样做了，放心吧。"

妈妈用话语安慰着静姝，让静姝感到力量的是妈妈的拥抱。从拥抱中能够感觉到家庭的归属感。对于静姝而言，这是一种交流方式，用这种方式与妈妈沟通，能够获得妈妈的爱，感到自己不是孤独的。

有的家长抱怨，女儿长大了，距离父母就越来越远了，有心里话也不愿意与自己说。家长与女儿的交流缺少积极意识，不愿意像女儿小时候那样用肢体的接触安慰女儿，女儿就会敏感地认为，家长不再是自己可以依赖的人了，心远离父母，逐渐封闭起来，不愿意在父母面前敞开。

有这样一个家庭。父母离婚了，女儿和妈妈在一起生活。妈妈对女儿的要求很高，女儿需要的，都尽其所能满足。女儿小时候很依赖妈妈，对妈妈的要求也都无条件服从。妈妈觉得自己的付出还是值得的。

女儿读高中了，叛逆心理非常重，不仅逃课，还吸烟。为这事，班主任找妈妈谈话，可是，妈妈每天忙工作，对女儿的照顾也只能停留在经济上的满足。

妈妈回到家，看到女儿懒洋洋地躺在沙发上看电视，妈妈感到绝望了，她再也抑制不住心中的怒火，上前打了女儿一巴掌。女儿不知所措，两行眼泪流出来。

女儿从小到大没有挨过打，这是第一次，委屈地哭了。

妈妈大声地指责女儿，述说着自己的辛苦，而女儿那么不懂得珍惜，不懂得妈妈的心。妈妈也许是在宣泄，可是，母女生活在同一屋檐下，彼此却成了陌生人。

青春期的女孩，产生叛逆心理是要体现自己的存在。老师找家长谈话是希望家长对孩子的成长予以关注。妈妈难以抑制自己的怒火打了女儿一巴掌，此时如果妈妈给女儿一个拥抱，向女儿道歉，之后对女儿正确引导，相信母女的关系就会拉近一些。

拥抱对于孩子的健康成长是非常重要的。

李嘉诚曾经说过：最难忘记的是父亲的拥抱。我至今还清楚地记得，稳健而富有涵养的父亲，与我亲密接触时，常常会忍不住紧紧拥抱我，并把我举得很高……

拥抱是最原始的交流方式，却很有效。当女儿心理上受到伤害的时候，拥抱是良药，让女儿感觉到自己是被父母重视的。

每天清晨，将女儿从睡梦中唤醒的时候，记得给女儿一个拥抱。女儿很享受家长的拥抱，因为会有暖暖的感觉，对家长的要求也不会反抗。

当女儿委屈的时候，给她一个拥抱，让她知道过去的事情不用留在心里，要抬头向前看，新的一天就是新的开始。

当女儿失败的时候，父母的拥抱可以让女儿乐观对待失败，有勇气继续挑战。拥抱成为了鼓励，让女儿更有自信面对未来。

美国教育家老卡尔·威特说："孩子有时候希望在心理和情感上保留一些自己的空间，或者他感情波动很大，非常需要安慰而不是提问，在这些时候，我会拥抱、抚摸儿子，传达给他沉默而温暖的信号。"

拥抱是很简单的安慰方法，是全世界人都能读得懂的语言，也能让女儿的心更贴近自己。

鼓励孩子放飞梦想

每个孩子都有梦想。女孩的成长中有梦想伴随，可以对其实现梦想起到了激励作用，当遇到困难的时候，也能想办法克服，目的就是尽快实现梦想。

家长对有梦想的孩子要给予关心和理解，知道女孩的梦想就是心理需求，用丰富的想象力将需求理想化了，成为了积极实现的梦。家长需要做的就是在生活上关心女儿，同时关注女儿的心理。当女儿情绪高涨做一件事情的时候，家长就要给予支持和鼓励，告诉女儿仅有积极意识是不够的，还要做到细致入微，不断地创新，才能尽善尽美。

梦想大都是理想化的，受到现实条件的限制，事情未必做得如预期的那么好。家长对女儿的成果要及时夸奖，女儿得到鼓励，就更加勤奋，也更加专注，做得也更加趋近于完美。

张开冰是多元智能专家，她的两个女儿非常可爱。两个女儿的性格差异非常大，张开冰认为，自己的这两个女儿都是独一无二的。

两个女儿的语言表达能力都非常强，大女儿NINI比较沉静，喜欢读书，也喜欢写小说，小女儿Gloglo比较活泼好动，喜欢诗歌。大女儿多数时间是静静地阅读；小女儿则不然，通常是在户外能够看到她的身影。两个女儿都喜欢交朋友，大女儿礼貌而有分寸，人际关系很好，小女儿比较热情，见人都是主动打招呼，朋友也非常多。

张开冰让两个女儿共同学习空手道和芭蕾舞，大女儿认认真真地练习，每个动作都能做到位，很专注。小女儿则是看到位，之后就开始做动作了，动作很漂亮，可是不好用，专注于别人对自己的看法，导致自己注意力不集中。

小女儿做事情不细心，容易丢三落四，被冠以别称"小半半"。小女儿很有自知之明，知道自己的缺点，还有点委屈，说"只能做好自己"。

张开冰鼓励说，能把自己做好就已经很成功了。

张开冰觉得，如果女儿不够完美，让她快乐地成长也是很好的，每天轻轻松松地生活，潜能总有一天能发挥出来。

张开冰对女儿的传统教育非常重视。两个女儿在美国生活几年之后，张开冰把她们带回中国，就是为了让女儿们接受中国传统文化教育。

女儿从5岁就背诵中国传统经典了，《三字经》背得很熟练，拜访南怀瑾先生的时候，女儿还施展了"才华"，获得了南爷爷的奖励。

小女儿背《三字经》还是很有成效的。冬天的晚上，每次睡觉前都会问妈妈睡在哪一边，之后就躺在妈妈那边暖被子，还把《三字经》改为"Gloglo八岁，能温席。"

两个女儿回国后，听不懂汉语，上课也感觉吃力。大女儿有些忧郁了。为了让女儿对学习充满自信，张开冰开导女儿，现在是打基础的时候，一旦基础牢固了，汉语的水平就能很快提高，而且你还懂英语，懂得两种语言可是别人没有的优势呢。

为了让自己的理论生动形象一些，张开冰还给大女儿讲了尖茅草的生长习性。

这种草生长在非洲的草原上。在没有下雨的时候，这种草同其他的草一样，也在生长，只不过，别的草都在长叶，尖毛草却在长根，仅仅半年的时间，根部的长度就超过28米。在草原上，尖毛草几乎被其他的草覆盖了。当雨季来临的时候，尖毛草有了充足的水分和旺盛的根系，开始快速生长，仅仅一个星期的时间，就能长两米多高。几天的时间内迅速成为草原上最高的草。

大女儿听了，开心极了，她把自己比喻成尖毛草，相信自己一定能成为好学生。

小女儿喜欢在花园里跑来跑去地玩。捉到一只小虫子，不知道名字，去问姐姐。姐姐也说不出名字，姐妹俩一块儿问妈妈。妈妈看着小虫子，摇摇头表示不知道，让她们翻看昆虫方面的书脊。

张开冰为了培养女儿读书的习惯，在家中的各处都放着适合女儿们阅读的书籍。当女儿找到有关昆虫的书之后，就认真地看起来。用这种方式引导女儿主动阅读，培养女儿阅读习惯，效果很好。

张开冰要出差了，很巧，那一天是母亲节。临行之前，大女儿一定让妈妈给衣服缝个多余的扣子。两个女儿很舍不得离开妈妈。

去机场的路上，张开冰的手机响了，原来是大女儿发来的短信：慈母手中线，NINI身上衣。临行密密缝，意恐迟迟归。谁言寸草心，妈妈母亲节快乐！爱你的NINI！

张开冰很意外，当时感动得不得了。

大女儿小学顺利毕业了，张开冰让女儿自己选中学。女儿选择了距离家很近的重点中学，原因是可以节省时间做自己喜欢的事情。

大女儿还与妈妈商量高中去美国读书，希望提高自己的领导能力。张开冰为女儿选择的高中社团比较多，希望女儿有更多的机会参加社团的活动；女儿自己选择的高中社团比较少，女儿说，自己可以有创办社团的机会。张开冰尊重女儿的选择，很高兴地答应了。

女孩追求梦想的过程中是具有强大的内动力的。家长要帮助女儿实现梦想，不断地鼓励女儿，让女儿充满自信。

当女儿遇到困难的时候，家长要与她讨论梦想。一些比较内向的女孩不愿意表达自己的思想，家长就要主动与女儿讨论，知道女儿产生梦想的原因，讨论梦想实现的可能性和实现梦想的途径。

家长的梦想往往与女儿的梦想背道而驰，如果家长认为女儿的梦想比较离谱，也不要正面否定，而是给予尊重，让女儿将自己该做的事情做好，为实现梦想打好基础。

第 10 章

探索，创新潜质

考试能手等于英才吗？考试能手善于考试，英才则善于创新。教育的目的是培养英才，提高综合素质和知识创新的能力。有知识而没有创意，不能成为英才；有记忆而没有实力，也不能成为英才；有学历而没有见识，同样不能成为英才。

朋友的女儿上幼儿园了。幼儿园老师留了手工作业，让小朋友们用废弃物做一件实用的物品，可以与家长共同制作。这个作业本身就是很有创意的，废弃物是废弃的物品，应该扔掉才是，使用废弃物制作实用的物品，是要将废弃物的价值发挥出来，这可是考验小朋友和家长的脑筋的。朋友的女儿有丰富的想象力，看看家中墙面上的涂涂画画就知道了，看不出画的是什么，但家长都知道，这是女儿心中的故事。

女儿回到家里，就到处找废品，拿起即将丢弃的纸壳看看，放下了；看看吃过的罐头瓶，摇摇头。当女儿看到糖罐的时候，眼睛亮了。糖罐里面就剩下两块儿糖了，妈妈爸爸各一块，拿起糖罐爱不释手。原来，朋友的女儿要将糖罐做成笔筒，这样，漂亮的糖罐就不用扔掉了。

幼儿园的这个作业，目的在于鼓励小朋友用新颖的想法做一些有用的事情，小朋友的创新潜质就是这样被挖掘出来的。

支持孩子"怪诞"的想法

孩子的想象力丰富，一件看起来很简单的事情都能凭借联想充实起来，添加的内容光怪陆离，家长很难理解，可又不能说孩子的做法是错误的。其实，想法"怪诞"也是经过思考获得的，虽然不切实际，但却是孩子动脑想出来的，家长不能否定孩子的想象力，而是要尊重和鼓励。

有一次，我女儿画的大海是红颜色的。我们都知道大海是蓝色的，可是女儿为什么将大海画成红色的呢？我曾经问过她。她说："我知道大海是蓝的，但是我想看到红色的大海，就画下来了。"我没有与女儿争辩。直到我带着女儿到海边旅游，傍晚时节，西边的火烧云非常美。此时，海天一色，大海是红色的，简直是红得惊艳。当时我想起了女儿画的红色的大海，由衷地佩服女儿。

我问女儿："这就是你想象中红色的大海吗？"

女儿开心地回答："是的，我的梦想实现了！妈妈，是不是只要有梦想，就一定能实现。"

我笑了笑，没有回答。

女儿说："我还希望汽车能飞上天空，能像船一样在大海上航行。"

我无可反驳。因为古代有嫦娥奔月，现在人类真的能登上月球了。我惊叹科技的发达，更佩服人类的想象力。

女儿小的时候观察力非常好。在她5岁那年的夏天，家里的电风扇坏了，屋里比较热，我用扇子不停地扇着。女儿自己玩着玩具。不知什么时候，女儿拿起毛巾抡起胳膊用力地摇动。我以为她在自己玩游戏呢，没有理会。没过多长时间，女儿说："妈妈，这风扇怎么这么热呢，一点都不凉快。"

我看着女儿一边说，一边还在继续摇着胳膊，忍不住笑了。原来女儿是在扮演电风扇，她觉得像电风扇一样地摇啊摇，就能让房间里凉快起来，可是没想到弄得自己满头大汗。

我说："这个创意挺好，我比较凉快了。"

女儿说："可是，为什么我很热。"

我说："因为你在运动呀。"

女儿的运动终于停止了。我用毛巾帮女儿擦去脸上和身上的汗，将扇子递给女儿说，还是用扇子扇吧，动作小，不会出汗。

女儿用扇子扇了一会儿，似乎从自己发明的"电风扇"中获得了乐趣，还是不停地扇呀扇的，而且很骄傲。

爸爸回来了，女儿把自己的创意给爸爸演示。爸爸很配合，说："哎呀，我的女儿真聪明呀，这风扇太凉快了。"

得到夸奖了，这"电风扇"转得更起劲了。

爸爸把新买回来的电风扇安装好，对女儿说："我们有新的风扇了，过来享受一下。"

女儿终于停下来了，嘴里还说："风扇也挺辛苦的，转起来多累呀。"

都说小孩的大脑就像一张白纸，也许正是孩子的这种单纯，才能有各种突发奇想。在大人看起来，这些想法怪诞可笑，如果没有经过思考，怎么会有这么多的想法。

大人的思维已经被固有的知识和多年的经验桎梏了，孩子的思想是自由的。对孩子的想法不能轻易否定，而应该放手让他们自己去做。女儿喜欢电风扇的操作，就尽管让她去做。等她慢慢长大，学习的知识多了，疑惑就一个个解开了。

当女儿有了怪诞想法的时候，要多加鼓励，告诉女儿要好好学习，多掌握一些知识才能实现。

当女儿胡思乱想的时候，一些家长立即进行制止，让女儿将更多的精力放在学习上，还说："不要想那些没有用的，浪费时间，考试又不考这些。"

这种想法看起来好像是对女儿好，事实上是扼杀了女儿的创新思维。女孩的自我失去了，独立思考的能力也逐渐消失了，只会一味地跟着老师的思维思考问题，按照家长的指示做事。

回想人类的文明发展史，有多少曾经的异想天开已经实现了。当那些不可思议的想法被提出来之后，招致更多的是嘲笑、谩骂。多年以后，曾经被嘲笑和谩骂的想法变成了现实，成为了人类文明进步的标志。

让女儿将那些奇奇怪怪的想法写在一个小本子上，等有时间的时候可以翻开来看，还可以添加一些内容作为补充。告诉女儿，贵在坚持，就像写日记一样，将所有的想法都记下来。看看哪一种想法能够真的实现。支持女儿的想象力，培养女儿的逻辑思为，写作能力也能得到培养。

但是，家长也要时刻提醒女儿，想象可以激发创造力，充实自己的生活，但是不可以每天沉迷于其中。毕竟掌握的知识有限，有些想象是现实无法实现的。做人做事还需要脚踏实地，即便有想法，也要有根有据，不能主观臆想。

让孩子尝试新鲜事物

孩子的生活是不断变化的。从孩子很小的时候，家长就要帮助孩子丰富经历，支持孩子的想象力，鼓励孩子尝试新鲜事物，让孩子看到世界美好的一面，对人生持有积极的态度。

多数的女孩胆小，似乎对父母有天生的依赖感，对新鲜事物习惯于寻求父母的帮助。有的女孩比较胆大，勇敢地尝试新鲜事物，而且在接触新鲜事物的时候，表现得非常淡定。其实，胆小的女孩，对新鲜事物也存在好奇心，只是心里上存有畏惧感，所以不愿意"冒险"。

家长需要做的是为女儿营造安全的环境，鼓励女儿勇于尝试新鲜事物。

妈妈带着妞妞去滑雪。从山上向下看，白茫茫一片。妞妞害怕了。妞妞的胆子很小，妈妈想让女儿多尝试一些新鲜事物，让她勇敢一些。

妞妞和妈妈站在山上，妈妈准备让妞妞玩滑雪轮胎。从高处滑下去？妞妞俯视着下面，脸抽抽着，都快要哭了。妈妈说，不用怕，妈妈坐在你后面，抱着你滑下去。有妈妈保护你，没有事的。妞妞这才感觉放心了。

妈妈抱着妞妞坐上滑雪轮胎后，妈妈喊了一声："我们出发啦！"滑雪轮胎起初滑行得比较慢，之后速度越来越快。当滑雪轮胎到达山下的时候，妞妞还意犹未尽。妈妈问妞妞："是不是很好玩？"

妞妞说："太好玩了，我要一个人滑下来。"

妈妈和妞妞再次走上山，让妞妞在滑雪轮胎里面坐稳，系好安全带，自己穿上滑雪板，和妞妞同时滑下山。

马上就到山底了。后面一个快速滑下来的滑雪轮胎撞到了妞妞的滑雪轮胎上，妞妞的滑雪轮胎来个360度旋转。此时，妈妈已经滑到山下了，心想："妞妞吓坏了吧。"

等妞妞滑到山底的时候，妈妈急忙跑过去看，女儿竟然没有落泪，而且还一脸兴奋的样子对妈妈说："我还要玩一次！"

"好吧，妈妈满足你的要求，再让你玩一次。"妈妈看到妞妞非常喜欢的样子，答应了女儿的请求。

妞妞害怕，是因为没有接触过这种运动，觉得不安全。当她对一件事物有了安全感之后，就更愿意自己尝试，用自己的成功告诉别人，我是很聪明的，一学就会，而且自己做也能做得很好，让自己在别人的心目中树立良好的形象。

女孩不愿意尝试新事物，主要是由于没有信心。既然没有把握做好，莫不如不做，避免被人耻笑，所以，用不做的方法避免失败。

在大人眼里，孩子很小，什么都不懂，其实在许多孩子的意识深处已经将自己看做是大人了。

当大人领着两三岁的女儿外出散步的时候，应该都有这样的经历：走着走着，女儿就甩开了大人牵着的手自己在前面走，一边走还一边回头，看看大人跟上自己没有。当大人在后面追的时候，女儿就会很快地向前跑，非常开心。这是女孩希望不依赖大人而独立行走，显示着自己就是一个大人了，不需要大人牵着手走。这种做法是女孩在尝试着自己做事，证实自己的能力。

小孩对新鲜事物比较有好奇心，而且是用自己的方式认识和理解这些事物。对陌生事物有兴趣的心理中隐藏着一探究竟的愿望，而且想要征服它，显示自己已经是个"大人"了。

可是，女孩毕竟是女孩，有她自身的特质，也决定了她尝试新鲜事物的时候，征服的能力受到局限。征服新鲜事物的过程中惹了很多的麻烦，大人如果不理解，就会想："熊孩子，又惹麻烦了。"此时，家长就要知道，女儿是在尝试新鲜事物，对孩子的这种行为不要阻止，在保证她安全的情况下，让她尽情地发挥自己的才能。女孩在尝试后可能会失败，失败也没有关系，收获的是经验，对她的成长同样非常有好处。如果家长对这些麻烦感到很不耐烦，没有正确引导，女孩对新鲜事物的兴趣就会逐渐消失，至少在家长面前是不愿意显露的。

比如，家长揉面的时候，在一旁观看的女孩很有兴趣，想尝试一下，家长不妨给孩子一小块面，让她学着家长的样子揉面。当女孩实践过后，就会知道，原来自己吃的面食做起来是非常不容易的。当女儿把面团揉成一个小馒头的时候，家长要予以表扬。女孩在家长的鼓励下，就更喜欢参加劳动了，也更乐于尝试新鲜事物。

有的家长是急性人。看到女儿尝试新鲜事物的过程中因不知道怎么做而犹豫，或者做得不对的时候，家长就代替女儿做。

女孩在家长的帮助下获得了成功，就放弃了努力。女孩的思考被阻止了，如果再遇到新奇事物的时候，就很自然地对家长产生依赖感，不愿意自己尝试了。所以，对女儿的努力，家长要正确对待，注意引导，鼓励女儿大胆尝试，让家长看到她的成功。

新的尝试中，失败是必然的。家长要让女儿知道，失败是非常珍贵的资本。正确对待失败，才能获得更多的成功。

马云曾经说过：多花点时间，去学习别人是怎么失败的，因为成功的原因有千千万万，失败的原因就一两个点。

鼓励女儿，不要害怕失败，敢于进行各种新的尝试，积极挑战才能做得更好。

认真对待孩子的问题

女孩对世界充满好奇心，对什么都感到新鲜，都能从中发现问题，从而提出很多的问题。家长要认真对待女孩提出的问题，回答问题的时候态度要认真，保护好女孩的好奇心。家长对待问题的认真态度和为人处世的方式会对女孩产生一定的影响，也是在教会女孩做人的道理。

女孩的问题千奇百怪，很多的问题是家长回答不上来的，一些家长就会表现出不耐烦的样子，甚至吹胡子瞪眼，女孩产生畏惧心理，就不再愿意问问题了。

女孩在很小的时候，脑子里面都会装着好多好多的"小问号"。比如，"我是从哪里来的呢？""月亮里真的住着嫦娥吗？""天上的星星会不会掉下来？""为什么白天太阳出来，晚上月亮出来？"

这些问题在很多大人看来有点傻，表示出不屑。女孩一定要家长回答的时候，家长往往用粗暴的态度拒绝回答，这不仅伤害了女孩的自尊心，而且女孩会认为提问令人讨厌，就不愿意再提问了。

蕾蕾3岁了，很喜欢问问题。爸爸妈妈知道这是女儿的好奇心在作怪，也是女儿勤于思考的表现，可是，很多问题爸爸妈妈都没有能力回答，这让他们感到有些头疼。

为了让女儿少问点问题，爸爸给蕾蕾买了《十万个为什么》，让女儿有问题就翻书看。女儿看图可以，识字有限，问题就更多了。

有一天吃完饭，蕾蕾看看爸爸，再看看妈妈，问爸爸："爸爸，你为什么长喉结，妈妈却没有呢。"

爸爸严厉地说："好好吃饭，不许说话。"

蕾蕾乖乖地吃饭。饭后，蕾蕾又跑来问爸爸："爸爸，为什么妈妈没有喉结呢？"

爸爸大声说："爸爸很忙，这么傻的问题也问。"

蕾蕾委屈地哭了，去找妈妈问。

妈妈把蕾蕾抱起来，说："爸爸忙，不要打扰爸爸。妈妈也是有喉结的，因为妈妈是女人，喉结不是很明显。妈妈的喉结如果能看出来，是不是就不漂亮啦？"

蕾蕾说："我是女孩，我也有喉结，可是看不出来，对吗？"

妈妈说："是的，蕾蕾不仅漂亮，还很聪明。"

蕾蕾喜欢提问题，爸爸的态度不太好，就不再问爸爸了，找到妈妈解决问题。爸爸伤害了蕾蕾的好奇心，妈妈维护了蕾蕾的自尊心，还对女儿的好奇心合理引导。

女孩想要知道很多，虽然提出的问题听起来有些幼稚，但一定是经过认真思考后才提出来的，态度很认真。家长回答孩子提出的问题的时候，要详细解答，用孩子可以听懂的语言将答案分解，讲得越详细越好，满足孩子的求知欲。

女孩在成长中离不开"为什么"，是因为不断地问"为什么"，才能学习很多的知识，才能渐渐地长大。问题比较可笑，是因为女孩缺乏生活经验，却又好奇心强。女孩在思考问题的时候，从表象思考到深入思考，家长会发现，问题越问越多，探索也越来越理性。所以，家长不要嘲笑女孩提出的问题，也不要觉得女孩的问题肤浅无聊。当你回答她的一个问题之后，她就会更深入地询问。认真回答女孩的问题，就是引导女孩继续探索。

七夕节到了，夏彤牵着妈妈的手走在路上，看到路边有卖各种鲜花的。夏彤问妈妈："为什么有这么多的鲜花？

妈妈回答说："今天是七夕节。"

"是牛郎和织女会面对日子吗？"夏彤问。

妈妈说："是呀，你是怎么知道的？"

夏彤说："姥姥曾经讲过牛郎和织女的故事，还说王母娘娘在他们两个人的中间划出一条天河，每年只能见一次面，就是农历七月初七这一天。妈妈，天上真的有牛郎和织女吗？"

妈妈说："有啊，天上有牛郎星和织女星，他们中间有一道天河，就是银河。"

夏彤回到家，晚上不睡觉，就要看牛郎星和织女星相会。可惜天不作美，渐渐沥沥下起了雨。夏彤有些遗憾，对妈妈说："妈妈，牛郎和织女真的相遇了，你看，他们都哭了，可惜我没有看到。"

女儿的想象力太丰富了。妈妈轻轻拍拍女儿的头，点点头。

夏彤上大学了，每到七夕节，心里还惦记着牛郎星和织女星相遇的事情。中间一颗又大又亮的星星，一边一颗小星星的是牛郎星，不远处有一个非常亮的星星，那是织女星。这么多年过去了，夏彤还没有看到牛郎星和织女星相遇过呢。后来到图书馆看书，无意中看到了相关的知识，才知道牛郎星和织女星是不会相遇的。打个比方说，"牛郎"每天坚持走100公里，遇到"织女"也需要43亿年，打个电话也需要等30年才能得到回音。夏彤小时候的问题留到了成年才获得正确的答案。

孩子之所以能提出问题，是因为他们思维灵活。家长在回答问题的时候，也要从孩子的角度审视问题，选择孩子可以听得懂的回答方式，用合适的语言回答问题。

对女孩提出的问题，家长不仅要认真回答，还要引导女孩积极探索。女孩在观察事物之后就会发现问题，家长要鼓励她多提问，让女孩尝试着自己找到答案，可以培养女孩的实践能力和创新能力，还能养成良好的自主学习习惯。

让孩子远离惰性思维

懒惰不仅是行为上的懒惰，还包括思维上的懒惰。行为上懒惰的孩子多是在父母的溺爱环境中长大的。家长事事包办，孩子什么都不用做，也难形成勤劳的观念。

美国创意思考中心主任李察·博尔曾经说过：孩子缺乏思考力，父母应负七成以上的责任。

有这么一句话：勤劳的父母培养懒惰的孩子。父母没有让孩子养成劳动的习惯，必然变得懒惰。如果孩子因为懒惰丧失了自主生活的能力，对家人就产生了依赖。孩子渐渐长大，却离不开对父母的依赖，后果是很严重的。

与行为懒惰的孩子相比，思维懒惰是更加可怕的。因为思维懒惰的孩子不喜欢思考问题，凡事浅尝辄止，遇到困难就逃避，满足于现状，就会变成庸人。

幼儿园上绘画课，老师让小朋友们画自己喜欢吃的水果。小朋友们都低头画起来。只见有的小朋友画鸭梨、有的小朋友画苹果、有的小朋友画香蕉等等。小朋友将水果的轮廓画完之后，开始上色了。鸭梨是淡黄色的、苹果是半青半红的、香蕉……老师的脚步停止了，皱起了眉头，看着小朋友给香蕉涂色，心想："咦，怎么香蕉一半是黄色的，一半是棕色的。"

当小朋友停笔后，老师问："你的香蕉为什么有一半是棕色的？"

小朋友说："棕色是剥皮的香蕉，还没有来得及吃呢，就变成棕色的了。"

老师对这位小朋友的创意感到不解，却也没有责备，反而大加赞赏，之后老师找了相关的资料，里面详细讲述了香蕉剥皮后如果不及时吃会变成棕色的原因。

香蕉去皮后，果肉接触到空气，其中的氧化酶暴露在空气中被氧化，就会变成棕色。

关于香蕉果肉去皮后变色的原因，这位小朋友并不知道，但是，他知道有这种现象，而且留存在记忆深处，用自己的画笔将这个真实的记忆呈现出来。孩子在享受思考的乐趣的同时，还将自己的想法告诉给周围的人，这也是一种自信，说明孩子是喜欢思考和探究的。

老师并没有批评这位小朋友，而是让她知道香蕉为什么变成棕色的原因。

孩子喜欢思考，表现出色的时候，家长要及时表扬。对于孩子而言，适当的鼓励就好像在给她的大脑补充养料一样，激发其更加勤奋地思考。

燕子是小学一年级的学生，在学习上有一个特点，老师讲过的知识很快就记住了。考试时，只要是老师讲过的题，都能回答对，可是，考试题只要转一点弯，燕子就不会了。

老师发现了燕子的这个特点，心想："既然这个孩子能将讲过的知识很快记住，就说明很聪明，可是，为什么转弯的题就不会了呢？"

家长会的时候，老师与燕子的妈妈探讨这个问题。燕子的妈妈说："孩子上幼儿园的时候就是如此。老师教过的就会，当老师让小朋友们自己开动脑筋解决问题的时候，她就为难了。当时练习写字，我都是手把手地教。现在的作业，也都是在我和她爸爸的指导下完成。"

老师说："燕子的学习太被动了，这对她的成长没有好处。"

妈妈说："我也知道，可是，在没有人帮助的情况下，她写作业就拖拖拉拉，说作业不会做。本来作业不多，正常30分钟能完成的作业，恐怕也需要三四个小时才能写完。"

燕子的这种现象就是思维惰性的结果。因为她知道，只要自己说不会，家长就能提供帮助，索性就不思考了，长此以往，就养成了懒于思考的习惯；而且做事情的时候，只要觉得有难度，就消极等待别人处理，不愿意主动思考解决问题。

要改变女儿懒于思考的缺点，可以采用提问和启发的方法。提问可以引发女儿的思考，女儿不懂之处，鼓励她充分发挥想象力，说出各种答案。家长多多陪伴女儿成长，让女儿体验思考的乐趣，同时家长还要启发女儿说出各种新的想法，让女儿知道，问题的答案可以是多种多样的，并不局限于一个。

女儿有兴趣的话题，家长要积极回应，用举例子的方法帮女儿对话题更深入地理解，让女儿说出自己的想法。即便女儿的观点是不正确的，也要对女儿的思考力提出表扬，同时对女儿的观点予以纠正和完善。

当女儿遇到难题向家长寻求帮助的时候，家长不可以马上提供帮助，而是询问女儿的想法，然后让女儿按照自己的想法做。即便是家长给予指导，也需要女儿的参与。如果女儿不愿意思考，家长也不可以代劳，而是鼓励女儿多想想，多动手操作验证自己的想法，让女儿掌握学习的方法。当她小有成就的时候，随着自信心产生，各种新的想法涌现出来，在解决问题时就会更有激情。

女孩学习感到很累的时候，必然产生惰性心理。家长帮助女孩合理安排学习时间，持续学习30分钟后休息10分钟，让女孩适当休息，学习的时候会更加认真、更加专注。女孩很小的时候，要求她坐姿端正、中规中矩地学习是很难的，她们比较喜欢自由。过于拘束容易让她对学习产生厌烦的情绪。在家里学习，家长与女儿之间互动，女儿坐着、趴着都可以，家长与女儿玩学习游戏，让学习变得更加自然、轻松，家长与女儿之间的交流也像朋友一样，女儿在学习中会更有兴致。

虚拟空间的探索别忘了回到现实

现在的孩子伴随着网络长大，已经习惯于生活中有网络，处理事情的时候也会依赖网络。很难想象，孩子如果在没有网络的环境中生存，是否会表现得不知所措。

网络具有无限开放性。现实世界是有规则的、有规律的，万事万物都是有序地进行着的。网络构成的虚拟空间有所不同，虽然网络的运行也是有序的，但是虚拟的空间并不符合现实规则。沉迷于网络虚拟空间的女孩，容易将虚拟与现实相混淆，处于现实中就难以适应，甚至做出违规的行为。

小烨是个充满青春气息的女孩，父母都是生意人，家庭经济状况很好，姥姥在家照顾她的起居生活。小烨的父母认为，虽然每天忙于生意，但是给女儿良好的经济环境，又有姥姥在家照顾，就是给女儿创造了很好的环境，相信女儿只要多方面学习，一定可以成才的。

小烨的父母给她报了不少特长班，声乐、舞蹈、美术等等，希望用这种方式发掘女儿的特长，让女儿全面发展。父母一有时间就带女儿参加体育锻炼，赶上女儿假期的时候，还会带着女儿出门旅游开阔眼界。

小烨每天自己乘校车上下学，学习也很好。

进入高中后，小烨的生活改变了。父母为了让小烨专心学习，将小烨送到了封闭的学校，每个月回家一次。每次父母去看望小烨的时候，都是在经济上给予满足，叮嘱她好好学习。可是，小烨的成绩让父母失望了，一路下滑，已经跟不上这所学校的教学进度了。

父母将小烨转到普通的高中读书。陌生的环境，加之小烨对学习已经产生了厌倦情绪，无法专心读书，整天沉迷于网络中，成为了学校附近网吧的常客，而且逃课现象越来越严重。父母苦口婆心地劝说，希望女儿从网络中走出来，小烨对父母说："上网能让我感到充实，我可以支配网络世界，而且不会孤单。"

当父母听到女儿的这番话的时候，感觉曾经乖巧努力的女儿已经变了，变得不认得了。同时，父母也开始反思现在的这种家庭教育方式是不是存在问题，在姥姥身边长大的小烨得到的不是家庭的温暖，而是溺爱，让小烨以自我为中心。父母用经济供给代替了培养，即使物质上富足，女儿却感受不到父母的亲情。

正处于青春期的小烨叛逆心很重，对周围的人很冷漠，即便是对父母和姥姥也是如此。网络成为了小烨最"亲近"的伙伴。在网络空间中，她是愉快的，与网友聊天轻松而随和。回到现实中，小烨面对家人、面对同学和老师的时候，则非常冷淡。

现在的小烨已经不是清秀的样子了，淡黄色的头发乱蓬蓬地扎在脑后，就好像游戏中塑造的人物一样，她说这是"凌乱美"。长期在网络中游荡使她面色苍白，眼睛中充满了血丝。

网络，是每个人都要接触的，已经成为时代的必需品。现代人无论是生活和工作，失去了网络，就等于失去了自我的存在。

网络是虚拟的，但不是虚假的，所以有其应用价值。小烨对于网络构成的虚拟空间产生了错误的认识。在她看来，网络是另一个世界，而且是可以塑造的世界，所以，她在虚拟空间中的态度和在现实中的态度是截然不同的。可是，网络毕竟无法替代现实，基本的生存还要是要在现实中实现，小烨很矛盾，这也成为她无法摆脱的困扰。

社会是一个规范的体系，虚拟空间则不同，对于价值观还没有形成的女孩而言，由于对各种社会现象的判断力不够，很容易导致心理健康问题。

适度使用网络是有益的，但不可以沉迷于网络不能自拔。离开网络，用更多的时间体验真实的生活，与真人沟通，才能更好地融入到现实社会中。

网上的虚拟社区对孩子很有吸引力，因为在这个虚拟空间中，不仅可以享受各种娱乐活动，而且还具有交互性。当自己有问题的时候可以解答，也可以在这里找到合得来的好朋友。女孩在现实生活中的交往环境有限，在虚拟的空间中，女孩的交往空间扩展了，而且有更多的人关心她们的成长。当女孩在虚拟空间中感受到关怀的时候，就更愿意在虚拟空间中遨游，做自己喜欢的事情，进行人生的探索。

当女孩进入到虚拟空间中，愉快地与网络上的朋友交流的时候，很有可能对虚拟空间与现实空间之间没有清晰的认知。此外，各种商业广告充斥着虚拟空间，对女孩起到了商业引导作用。这对女孩的健康成长非常不利。

令家长担忧的是，虚拟空间具有一定的隐蔽性，女孩在这个空间中进行娱乐活动，在活动中进行科学探索。女孩在空间中扮演相应的角色，乐趣无穷。

但虚拟空间毕竟与现实空间不同。女孩比较感性，习惯了虚拟空间的交流，探索活动也是适应虚拟空间环境展开的，与现实中的探索大相径庭。特别是女孩对于虚拟和现实缺乏分辨能力的时候，即便在现实中探索，她的意识依然停留在网络环境中，现实环境中的交往能力就会减弱，甚至面对现实的时候会产生逃避意识。

女孩沉溺在虚拟空间中必然会影响学习。家长让女儿回到现实，采用渐进的方法是比较好的。

调整女儿的生活作息，让她的生活规律化，可以培养女孩的控制能力，对上网产生自我行为控制意识。

带领女孩进行户外活动，持续不断的体育锻炼，有助于女孩的健康，而且还提升了女孩的自信心，能够勇敢地面对现实，而不是躲在网络虚拟空间中。

用科学游戏激发孩子的探索精神

孩子的好奇心很强，利用这一特点引导其探索发现新的事物，可以提高孩子的认知能力。女孩对周围的事物充满好奇心，也具有较高的敏感度。当这种好奇心体现出来的时候，家长就要积极与女儿互动，将女儿的科学探索兴趣激发起来。

敏敏在幼儿园学习了各种手工制作，回家向父母展示一番，赢得了父母的夸奖。敏敏很喜欢画画，制作了一个成品之后，就在上面画上美丽的图案，漂亮的小房子、可爱的小动物、五颜六色的鲜花和绿油油的草地，给作品增添了色彩。这些图案都是敏敏手工制作的过程中在脑海中浮现的图案，就好像专门为制作的作品设计的一样。

一天，幼儿园组织了"舞台上的表演"制作游戏。这个游戏发挥了磁铁的作用。老师让小朋友们制作自己喜欢得卡通形象，涂上颜色之后放在垫板上。敏敏制作的是黄色的小汽车。老师让敏敏将小汽车放在垫板上，发现小汽车竟然跑了起来。

敏敏眼睛睁得大大的，大声对老师说："小汽车的车轮是我画上去的，也能让小汽车跑起来吗？"

敏敏的眼睛盯着车轮，发现车轮没有转动。

敏敏拿起小汽车放在桌子上，小汽车不动了，之后放在垫板上，小汽车又移动起来。敏敏认为，小汽车能在垫板上移动，一定不是小汽车的原因，而是垫板在作怪。于是，敏敏认真观察垫板，看完上面看下面，她发现了垫板的奥秘。原来，在垫板的下面有一块磁铁，还有可以自由活动的支架带动着磁铁，小汽车上面有金属物，随着支架的移动，小汽车也就移动起来。

敏敏高兴极了，拍着手大声说道："我知道了，我知道了，原来是磁铁带动小汽车跑起来的！"

老师让小朋友们将手工制品都放在垫板上，在磁铁的带动下，垫板成了小小的舞台，小朋友们的作品在垫板上表演着。

在科学游戏中，女孩的参与度与环境有关。在周围环境的影响下，女孩对于参与游戏并探索科学表现出积极性。所以，在设计科学活动的时候，要对科学游戏进行合理安排，吸引女孩投入到游戏中。孩子的好奇心被激发起来，对科学探索就能产生极大的兴趣。

著名的生物学家威哥里伏斯曾经说过：我在5岁的时候获得了一项科学发现，也是我一生中最重要的发现，即将毛毛虫关在瓶子里养着，看着它吐丝结茧，过了几天，惊奇的事情发生了，从茧中竟然跑出来一只漂亮的蝴蝶。

毛毛虫能变成蝴蝶，这是很多人都知道的小秘密。但是，威哥里伏斯在童年的时候亲眼见到了毛毛虫神奇地变成蝴蝶的过程，这让他记忆深刻。

幼儿园的池塘里养了很多鱼。一天，老师看见娜娜在玩池塘里的水。老师问他："娜娜，你在玩水，看看，鱼儿都躲得远远的。"

娜娜说："我没有玩水，我是要将水抓起来，可是，抓到手就都溜走了。"

老师看着娜娜认真抓水的样子，对其他的小朋友说："大家过来帮助娜娜想办法，将水抓起来。"

小朋友们围站在水池的旁边，相互讨论着。有的小朋友说："用小水桶吧。"有的小朋友说："小瓶子、茶杯都可以盛水。"

娜娜看着小朋友们讨论，说："我要将水用手抓起来，不是要盛水。"

娜娜强调用手抓。

东东说："手里面攥住一块海绵，抓水的时候，水被吸到海绵里面，就不会流出来了。"

娜娜试了试，果然好用。

老师听了东东的想法，鼓起掌来，说："东东太聪明了。"

在科学游戏中，老师提出问题后，引导小朋友在游戏过程中思考问题。小朋友还可以针对自己的想法用游戏的方式验证，这对培养孩子的创造潜能非常有好处。

女孩在科学游戏中多尝试，一个个问题不断出现，让她在活动中动脑思考、动手操作，享受成功带来的喜悦。

女孩在科学游戏中可以看到很多好玩的现象，对此充满好奇心。要注意引导女孩发现问题，在游戏的过程中寻求答案，开发女孩的科学探索潜能。

鼓励女孩提问，而且问题越多越好。当女孩提出问题的时候，不要直接给出答案，让她通过实验获得答案，之后再用实验的方法验证答案的正确性。

社会学家和教育学家赫伯特·斯宾塞曾经说过：教育中应该尽量鼓励个人发展的过程。

父母可以让女孩带着问题自己探索，就会发现，女孩专注于科学探索的样子是很美的，而且女孩在探索中有新发现的时候，会表现出非常快乐的样子。

为女孩创造宽松的环境，与女孩讨论，听女孩的探索成果。当女孩有所成绩的时候，要适当表扬，让女孩对科学探索的兴趣具有持久性。

每个女孩都有自己的闪光点。将小小的闪光点放大，女孩对科学探索充满自信。支持女孩的科学探索行为，还要保护好女孩的探索力，让女孩的成长中充满科学的气息。女孩在科学游戏中扮演着主要的角色，接触科学、运用科学、获得科学知识，科学与游戏融为一体，女孩的科学意识得到培养，科学将伴随女孩成长。